W0105266

Korea-Knigge

Der Türöffner
für Auslandsreisende und Expatriate

von

Mee-Jin Kim

Oldenbourg Verlag München

Bibliografische Information der Deutschen Nationalbibliothek

Die Deutsche Nationalbibliothek verzeichnet diese Publikation in der Deutschen Nationalbibliografie; detaillierte bibliografische Daten sind im Internet über <http://dnb.d-nb.de> abrufbar.

© 2010 Oldenbourg Wissenschaftsverlag GmbH
Rosenheimer Straße 145, D-81671 München
Telefon: (089) 45051-0
oldenbourg.de

Lektorat: Wirtschafts- und Sozialwissenschaften, wiso@oldenbourg.de
Herstellung: Anna Grosser
Coverentwurf: Kochan & Partner, München
Titelbild: Mee-Jin Kim
Gedruckt auf säure- und chlorfreiem Papier
Gesamtherstellung: Grafik + Druck, München

ISBN 978-3-486-58531-5

Inhalt

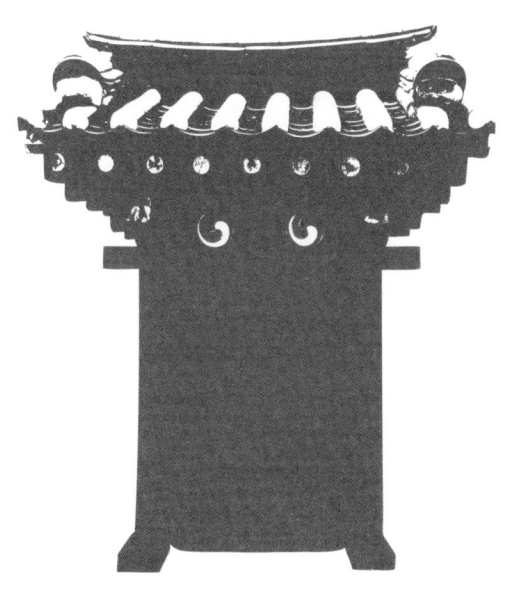

1 Einleitung

Für Südkoreaner ist es beinahe ein Schock, wenn sie im Ausland plötzlich merken, dass Korea außerhalb Asiens kaum wahrgenommen wird. Häufig werden sie für Chinesen, Japaner, Vietnamesen oder Thailänder gehalten. Das verletzt den Stolz der Koreaner. Sie fragen sich, wie es sein kann, dass so wenig über ein Land bekannt ist, das inzwischen zu den wichtigsten Industrienationen gehört. 2007 war Korea mit einem Bruttoinlandsprodukt von 928 Mrd. US$ auf Platz 13 der größten Volkswirtschaften der Welt. Das BIP pro Kopf liegt bei knapp 20.000 USD.[1] Zudem war Südkorea Gastgeberland der olympischen Sommerspiele 1988 und zusammen mit Japan richtete Südkorea die Fußballweltmeisterschaft 2002 aus. Weder diese beiden internationalen Veranstaltungen noch die zahlreichen Bemühungen der südkoreanischen Regierung, das Land international bekannter zu machen, zeigten bisher den gewünschten Erfolg.

In Deutschland wird Korea kaum thematisiert, weder an Schulen noch in den Medien. Wenn doch, dann sind es meist negative Aspekte wie die Atomkrise auf der Halbinsel, militante Streiks oder Demonstrationen. Oft stellt die Teilung der Halbinsel das einzige Wissen dar, das viele Deutsche über Korea besitzen. Das Aufeinandertreffen von Menschen aus verschiedenen Kulturkreisen stellt alle Beteiligten vor eine Herausforderung. Fehlende Informationen und Erfahrungen führen im Umgang miteinander zu Verunsicherung und Missverständnissen. Ein Benimm-Knigge mit Handlungsleitfaden, am besten reduziert auf eine DIN A4 Seite, wäre wohl ein ideales Instrument in dieser Situation. Doch sind Menschen und Situationen so vielfältig und komplex, dass eine Seite nicht ausreichen würde. Ein Garant für die Wahl des richtigen, situationsadäquaten Verhaltenmusters kann dies

---

[1] Jahreswirtschaftsbericht 2008 Republik Korea (Stand: 1.5.2009), Quelle: http://www.frankfurt-main.ihk.de/pdf/international/SuedkoreaBericht2008.pdf.

nicht sein. Auch dieses Buch kann und will nicht das optimale Verhalten für eine bestimmte Situation vorgeben. Es versucht vielmehr dem Leser das Land Südkorea näher zu bringen und das Verhalten seiner Bewohner leichter nachvollziehbar zu machen und wendet sich daher an interessierte Leser, die beruflich mit Südkoreanern zu tun haben. Aus der Sichtweise eines europäisch zentrierten Kulturkreises will es Einblick in Denkmuster und Verhaltensregeln von Koreanern verschaffen helfen und die sich daraus ergebenden soziokulturellen Unterschiede aufzeigen. Klarheit, die man über diese Unterschiede im jeweiligen Kontext gewonnen hat, sind Grundlage für einen gemeinsamen Ansatz bei Aufbau und Pflege von Beziehungen, aber auch hilfreich bei der Bewältigung von Störungen in der tagtäglichen Interaktion. Wünschenswert ist dabei ein Hinterfragen eigener Verhaltensweisen, Denkmuster und persönlicher Ziele. Diese helfen, Strategien für den Umgang mit Koreaner zu entwickeln und eine persönliche Beziehung zu ihnen aufzubauen.

Der Leser möge mir verzeihen, wenn die Inhalte zum Teil subjektiver Wahrnehmung entspringen und an der einen oder anderen Stelle Wertungen zugunsten Koreas und dessen Bewohner fallen. Zum einen fühle ich mich als gebürtige Koreanerin der koreanischen Kultur verbunden, da ich meine Kindheit dort verbracht habe. Andererseits prägte mich die deutsche Kultur während meiner Jugend. Mein bikultureller Lebenslauf, angereichert mit den Erfahrungen, die ich im Rahmen meiner beruflichen Tätigkeit für koreanische und deutsche Firmen gesammelt habe, ermöglichen mir einen „neutralen Blick auf Korea aus der Vogelperspektive" zu werfen. Ich hoffe mit dem vorliegenden Buch, mit den dort enthaltenen Hinweisen und Anregungen, zu einem besseren Verständnis der koreanischen Mentalität und den Eigenheiten der Koreaner beitragen zu können. Hierbei handelt es sich um kein wissenschaftliches Buch, und es erhebt keinerlei Anspruch auf Vollständigkeit. Die enthaltenen Themen sind nach den Bedürfnissen meiner bisherigen Trainingsteilnehmer gewählt, denen ich in meiner mehrjährigen Tätigkeit als interkulturelle Trainerin Südkorea und dessen Bewohner näher bringen durfte.

Der Inhalt gliedert sich grob in vier wesentliche Abschnitte. Der erste, einführende Teil (Kapitel 2 bis 4) macht den Leser allgemein mit den historisch geografischen Eckdaten der koreanischen Halbinsel sowie weiteren wissenswerten Informationen zu Korea vertraut. Themen werden hierbei jedoch nur soweit behandelt, wie es zum wesentlichen Verständnis notwendig erscheint. Im zweiten Abschnitt (Kapitel 5) wird der Leser in die Themenkomplexe Mentalität, Denkweise und Wertevorstellung der Koreaner geführt. Beispiele aus dem Alltag und dem Berufsleben sollen dabei helfen, verhaltensrelevante Auswirkungen nachvollziehbar zu machen. Der dritte, praxisorientierte Teil (Kapitel 6 und 7), setzt schließlich die theoretischen Inhalte aus dem vorhergehenden Abschnitt in den Kontext beruflicher Situationen. Die dargestellten Beispiele veranschaulichen typische Verhaltensweisen von Koreanern im Umgang miteinander und gegenüber Ausländern. Der vierte Teil mit der Überschrift Wissenswertes (Kapitel 8) gibt noch weitere Informationen und Hinweise, die für den Leser von Interesse sein könnten.

Der geografische und inhaltliche Schwerpunkt liegt auf der südlichen Halbinsel Koreas, die Republik Korea (*Daehan Minguk*) oder allgemein als Südkorea bezeichnet. Daher werden die Bezeichnungen Korea und Südkorea gleichbedeutend verwendet. Nordkorea wird explizit als Nordkorea genannt.

Bei der latinisierten Umschrift von Eigennamen verwende ich das im Jahre 2000 offiziell verabschiedete Umschriftsystem der koreanischen Regierung. In einzelnen Fällen wird eine zweite Umschrift mit angegeben, wenn diese allgemein bekannter ist und häufig in anderen Literaturen Verwendung findet. Ein Beispiel hierfür ist der Begriff *Chaebol*, die Bezeichnung für ein koreanisches Konglomerat. Nach der aktuellen offiziellen Umschrift wird der Begriff als *Jaebeol* wiedergegeben. Eine einheitliche Regelung für koreanische Namen in lateinischen Buchstaben gibt es nicht. Daher findet man häufig unterschiedliche Schreibweisen für denselben Namen. So ist beispielsweise der Name des ersten Staatspräsidenten (1948–1960) in folgenden Versionen zu finden: Rhee Syung-man, Rhee Syng-man oder Rhee Syngman. In diesem Buch werden die Namen in der Version verwendet, wie sie auf der offiziellen Internetseite der koreanischen Regierung (www.korea.net) wiedergegeben sind. Findet sich ein Name, der im Buch erwähnt wird, nicht auf dieser Internetseite, dann wird er nach der neuen Transkriptionsregel geschrieben.

Ausgenommen sind die beiden nordkoreanischen Politiker Kim Il-sung und Kim Jong-il. Nach der neuen Regel würden die Namen wie folgt geschrieben: Gim Il-seong und Gim Jeong-il. Da aber die erstere Version sich in verschiedenen Medien durchgesetzt hat, wird die Schreibweise beibehalten. Auch in Zitaten wird die Transkription von Eigen- oder Personennamen nicht verändert.

Bei Personennamen wird, wie in Korea üblich, der Familienname vorangestellt. Chinesische Namen und Bezeichnungen werden in der allgemein gültigen Pinyin-Umschrift, der offiziellen Romanisierung des Hochchinesischen in der Volksrepublik China, transkribiert.

Ich widme dieses Buch meiner Familie, die mich stets unterstützt und mein Leben so bereichert. Ein besonderer Dank gilt meiner sehr geschätzten Kollegin Daniela Fehring, die mir mit Korrekturvorschlägen und Inspirationen sehr geholfen hat.

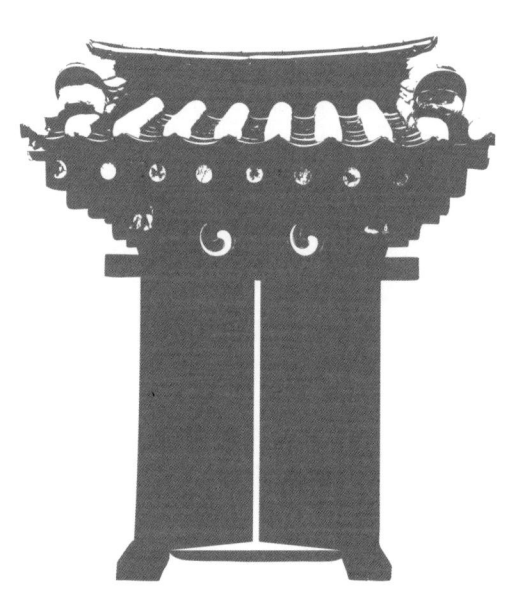

2 Wissenswertes über Korea

2.1 Geographische Lage

Die koreanische Halbinsel mit den beiden Staaten Nord- und Südkorea erstreckt sich zwischen dem 33° und 43° nördlicher Breite und dem 124° und 131° östlicher Länge. Geteilt wird das Land etwa entlang dem 38. nördlichen Breitengrad. Diese innerkoreanische Grenze mit demilitarisierter Zone ist 238 Kilometer lang und vier Kilometer breit. Die Größe der koreanischen Halbinsel beträgt 222.209 km², davon entfallen knapp 100.000 km² auf Südkorea. Etwa 70 Prozent dieser Fläche sind gebirgig. 2008 betrug die Zahl der Bevölkerung beider Staaten 71,5 Millionen. Davon entfielen 48,5 Millionen auf den Süden. Südkorea gehört damit zu den am dicht besiedeltsten Ländern der Welt, wobei etwa die Hälfte der Bevölkerung in den Metropolen lebt.

Die koreanische Halbinsel grenzt im Norden an China und Russland. Durch die geographische Lage zwischen China im Westen und Japan im Osten diente Korea schon früh als kulturelle Brücke zwischen dem damals fortschrittlichen China und dem noch rückständigen Japan. Gleichzeitig wurde Korea durch diese Lage immer wieder das Ziel von Überfällen durch verschiedene Volksgruppen, die die Halbinsel als Ausgangspunkt für die Eroberung anderer Nationen nutzten. Korea war so ständigen Einfällen ausgesetzt und konnte lange Zeit nur durch diplomatisches Geschick, durch Allianzen oder durch absolute Abschottung die eigene Souveränität wahren. Der stark vorhandene Nationalismus der Koreaner ist sicher auch auf diese ständige Bedrohung von außen zurück zu führen. Heute sehen Koreaner ihre geopolitische Lage durchaus als eine Chance. Umgeben von großen Nationen ist es das erklärte Ziel, Südkorea zu einem Zentrum für Finanzdienstleistung, Logistik und Wissenschaft auszubauen.

2.2   Klima

Die Halbinsel liegt in der gemäßigten Klimazone mit vier ausgeprägten Jahreszeiten. Der Frühling ist mild und sonnig. Bei westlichem Wind werden die sonnigen Frühlingstage durch den gelben Wüstenstaub aus der Wüste Gobi beeinträchtigt. Ende Juni oder Anfang Juli beginnt in Korea die Monsunzeit. Die Südwinde bringen Niederschläge, die den Großteil der Jahresmenge ausmachen. Anschließend beginnt der heiße Sommer. Das Thermometer klettert häufig über die 35-Grad-Marke mit einer Luftfeuchtigkeit bei teilweise über 80 Prozent. Im September beginnt die schönste Jahreszeit auf der Halbinsel. Herbst und Winter bescheren der Halbinsel viele sonnige Tage mit Windströmungen aus Nordwesten. Sibirische Winde ergeben im Winter ein eher kaltes und trockenes Klima.

2.3   Geschichte

Die heutige Bezeichnung Korea ist die lateinisierte Form von *Goryeo*. So wurde das Gebiet der koreanischen Halbinsel zwischen den Jahren 918 bis 1392 genannt. Südkoreaner bezeichnen heute ihr Land offiziell als *Daehanminguk*, „Land des großen *Han*-Volkes", auch kurz *Hanguk*. Der nördliche Teil Koreas trägt die offizielle Bezeichnung *Joseon*, was in der Übersetzung „Das Land der Morgenfrische" lautet. Die Bezeichnung *Joseon* lässt sich auf die Entstehungsgeschichte zurückführen. Demnach soll das mythische Reich *Joseon*, heute als *Gojoseon* (Alt-*Joseon*) bezeichnet, vom Himmelsprinzen *Dangun* (*Tangun*) im Jahre 2.333 v. Chr. gegründet worden sein. Die Grenzen erstreckten sich über das gesamte Gebiet der heutigen koreanischen Halbinsel. Zwar fehlen hierüber historische Belege, doch verweisen Koreaner immer wieder gerne stolz auf ihre 5.000 jährige Geschichte. Alljährlich am 3. Oktober feiert man in Korea den Gründungstag des koreanischen Reiches.

Die Mythologie über die Entstehung von Alt-Joseon und Dangun:

> „… Im Alten Buch steht geschrieben: ‚In alten Zeiten hatte Hwan-in einen jungen Sohn, der Hwan-ung hieß. Der Knabe wünschte, vom Himmel hinabzusteigen und in der menschlichen Welt zu leben. Sein Vater überprüfte drei große Berge und

Taebaek-san als geeigneten Ort, an dem sein himmlischer Sohn Glück über die Menschen bringen könne. Er übergab Hwan-ung drei himmlische Insignien und befahl ihm, über sein Volk zu regieren. Mit dreitausend Gefolgsleuten stieg Hwan-ung vom Himmel herab und erschien unter einem Sandelbaum auf dem Berg Taebaek. Er nannte den Ort Sin-si Stadt Gottes, und gab sich den Titel Hwan-ung Cheonwang. Der himmlische Vater gab ihm drei Verwalter vom Wind, Regen und Wolken mit. Mit ihrer Unterstützung führte Hwan-ung die Ausbildung des Volkes in mehr als dreihundertsechzig nützlichen Künsten durch und schloß auch Landwirtschaft und Medizin ein, schärfte zudem moralische Prinzipien ein und gründete das Rechtswesen.

Damals lebten eine Bärin und eine Tigerin in derselben Höhle. Sie beteten zu dem göttlichen Hwan-ung, er möge sie segnen und in menschliche Wesen verwandeln. Der König erbarmte sich ihrer und gab jeder von ihnen ein Bündel Beifuß und zwanzig Stück Knoblauch und sprach: ‚Wenn ihr dieses heilige Nahrung zu euch nehmt und hundert Tage nicht ins Sonnenlicht blickt, werdet ihr menschliche Wesen werden.'

Die Bärin und die Tigerin nahmen die Nahrung und aßen sie und zogen sich in die Höhle zurück. Nach einundzwanzig Tagen wurde die Bärin, die sorgfältig die Instruktionen des Königs befolgt hatte, eine Frau. Aber die Tigerin, die ungehorsam gewesen war, verblieb in ihrer ursprünglichen Gestalt.

Die Bärin aber konnte keinen Ehemann finden. So betete sie unter einem Sandelholzbaum, um mit einem Kind gesegnet zu werden. Hwan-ung erhörte sie, indem er vorübergehend menschliche Gestalt annahm und zu ihr kam. Sie gebar einen Sohn, der Dangun Wanggeom, König des Sandelholzes, genannt wurde.

Im fünfzigsten Jahre der Regierung von T'ang Kao (=Yao), im Jahre des Gyeong-in, kam Dangun nach Pyeongyang, errichtete dort seine königliche Residenz und gab seinem Königreich den Namen Joseon.

Später verlegte Dangun seine Hauptstadt nach Asadal auf dem Taebaeksan und regierte1500 Jahre lang, bis König Wu aus Chou Gija auf den Thron setzte. Bei der Ankunft Gijas zog Dangun nach Jangdang-gyeong und kehrte dann nach Asadal zurück, wo er im Alter von 1908 Jahren ein Berggott wurde."'

Zitiert aus dem Buch: Dr. Beckers-Kim, Young-ja (Übers.), Ilyeon, Samgunk Yusa: Ilyeon, Legenden & Wundergeschichten aus den Drei Königreichen Koreas, Schenefeld 2005, S. 34f.

2.3.1   Die Drei Reiche (57 v. Chr.–918 n. Chr.)

Historische Aufzeichnungen liegen für die Zeit der Drei Reiche vor:

57 v. Chr.–918 n. Chr.   *Silla* (im Südosten)
37 v. Chr.–668 n. Chr.   *Goguryeo* (im Norden)
18 v. Chr.–660 n. Chr.   *Baekje* (im Südwesten)

Geographisch lag *Goguryeo*, das größte der Drei Reiche im Norden des Landes und grenzte an China. *Baekje* befand sind im Südwesten und war das kleinste der Drei Reiche. Im Südosten lag das Reich *Silla*. Bereits während der Zeit der Drei Reiche fanden Buddhismus und Konfuzianismus von China den Weg auf die koreanische Halbinsel. Aufgrund der guten Beziehungen zu den Nachbarstaaten fungierte *Baekje* als kulturelle Brücke zwischen China und Japan.

Mit Hilfe chinesischer Truppen vereinte *Silla* im Jahre 668 die Drei Reiche. Durch die formale Anerkennung der chinesischen Oberhoheit entwickelte der Einheitsstaat ein einvernehmliches Verhältnis zum *Tang*-Reich in China. Dieses Bündnis bescherte dem jungen Staat eine 200-jährige Friedensperiode ohne Bedrohung durch äußere Feinde. Gleichzeitig entstand ein reger kultureller Austausch: Koreanische Gelehrte studierten in China die konfuzianische Staatsethik, und buddhistische Mönche kamen im Reich der Mitte mit neuen Strömungen ihrer Religion in Berührung. Als Staatsreligion entfaltete der Buddhismus in *Silla* einen prägenden Einfluss auf das kulturelle Leben: Tempelanlagen wurden gebaut, Denkmäler errichtet und mit der sakralen fand auch die weltliche Kunst zu einer bedeutenden Blüte.

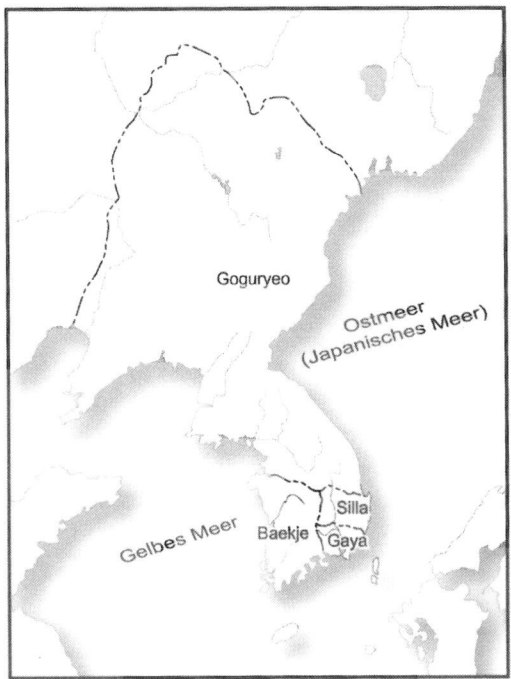

Abb. 1: Karte der Drei Reiche

Silla übernahm chinesische Verwaltungsmethoden und auch die Einteilung des Staatsgebietes in Provinzen, Präfekturen, Distrikte und Gemeinden wurde nach chinesischem Vorbild vorgenommen. Die wichtigen Ämter der Zentralregierung in der Hauptstadt *Gyeongju* verblieben in den Händen des alten *Silla* Adels. Die Staatseliten aus den Reichen *Baekje* und *Goguryeo* wurden dagegen in der regionalen Verwaltung eingesetzt. Die Besoldung der Beamten erfolgte durch Vergabe von Acker- und Weideland zur Bewirtschaftung als Amtlehen, durch Beteiligung an der Kriegsbeute und durch Überlassung von Kriegsgefangenen als Sklaven. Die Eifersüchteleien und Ausschweifung unter Aristokraten nahmen in der Spätzeit *Sillas* zu, bei gleichzeitig sinkenden Staatseinnahmen. Um die Finanzkrise zu überwinden, wurden die Gouverneure aufgefordert, mehr Steuern einzutreiben. Die Bauern wurden doppelt belastet, da sie nicht nur ihren Lehnherren zu Abgaben verpflichtet waren, sondern nun auch zusätzlich Steuern an die Regie-

rung entrichten mussten. Ihre Lage verschlimmerte sich dramatisch. Bauern-
aufstände waren die Folge. Zu Beginn waren die Aufstände unkoordiniert
und im Land verteilt. Im Laufe der Zeit konzentrierte sich die Macht der
Bewegung auf einzelne, politisch motivierte Führer. Einer dieser Anführer
war Gyeon Hweon. Er errichtete im Jahre 889 in den Gebieten *Gwangju* und
Cheongju das Reich *Hubaekje* (Spätbaekje). Ein weiterer Führer der Aufständi-
schen, Gung Ye, etablierte 901 in den Gebieten der Provinzen *Gangweon-do*
und *Hwanghae-do* das Reich *Hugoguryeo* (Spätgoguryeo). Dieser Zeitabschnitt
in der Geschichte Koreas wird *Husamguk* (Drei Spätreiche) bezeichnet.

918 löste Wang Geon den wegen seiner Tyrannei von seinen Untertanen
abgesetzten König Gung Ye ab und benannte das Land um in *Goryeo*. Er
verlegte die Hauptstadt in das heutige *Gaeseong*. Diese ehemalige Hauptstadt
liegt heute nahe der innerkoreanischen Grenze auf nordkoreanischem Territorium. Im Jahre 935 wurde *Silla* an das Reich *Goryeo* angeschlossen, da die
Souveränität des Landes vom letzten *Silla* König auf *Hugoguryeo* übertragen
wurde. Ein Jahr später konnte auch *Hubaekche* erfolgreich erobert werden.
Daher geben einige Quellen als Gründungsjahr von *Goryeo* nicht das Jahr 918
sondern das Jahr 935 an.

Die Drei Königreiche gelten als Ursprung für die heute noch stark vorhandene Regionalität der Koreaner.

2.3.2   Die *Goryeo*-Dynastie (918–1392)

Nach Übernahme des geschwächten *Silla* Reiches und der Ausdehnung seines Machtbereiches nach Norden umfasste das Königreich *Goryeo* Mitte des
10. Jh.s die ganze Halbinsel bis zum Grenzfluss *Yalu* im Norden. Die Herrscher *Goryeos* waren zunächst auf Konsolidierung ihrer gewonnenen Macht
nach innen bedacht. Deshalb leiteten sie eine Restauration der ökonomischen
und sozialen Strukturen des *Silla* Reiches ein. Neben dem Amtsadel wurden
auch Zivil- und Militärbeamte mit Lehen versehen, die nicht vererbbar waren.

Anfang des 11. Jh.s nutzte der nördliche Nachbar *Goryeos*, das chinesische
Liao-Reich, eine innenpolitische Krise des Königreiches zu einem militärischen Einfall. Die Verteidigung seiner Nordgrenze gegen das *Liao*-Reich

stellte für *Goryeo* in der Folgezeit ein schwerwiegendes Problem dar. Erst durch den Bau eines Schutzwalls vom Grenzfluss *Yalu* bis zur nordkoreanischen Bucht konnten diese kriegerischen Übergriffe gestoppt werden. Der Schutzwall sicherte dem Königreich eine zweihundertjährige Friedenszeit, die von einer kulturellen Blüte begleitet wurde. Zur Zeit der *Goryeo*-Dynastie erlebte auch der Buddhismus, der die vorherrschende Religion in Korea blieb, einen neuen Aufschwung; allein in der Haupstadt *Gaeseong* wurden in dieser Zeit über 70 neue Tempel errichtet.

Im 11. Jh. veranlasste König Hyeongjong die Edition einer koreanischen Fassung der Tripitaka, eine Zusammenstellung bedeutender buddhistischer Texte. Dieses fast 6.000 Bände umfassende Werk wurde während der späteren Mongoleneinfälle zwar vernichtet, 81.258 hölzerne Druckblöcke einer zweiten Edition der *Tripitaka Koreana* aus dem 13. Jh. können heute noch im *Haein*-Tempel als eines der wichtigsten Zeugnisse der koreanischen Geistesgeschichte und Druckkunst besichtigt werden. Bereits Ende des 12. Jh.s, d.h. gut 200 Jahre vor Gutenberg, war in Korea der Buchdruck mit beweglichen Lettern erfunden worden. Die zweite Edition der *Tripitaka Koreana* wurde jedoch im Blockdruckverfahren herausgegeben, da die Druckblöcke weniger empfindlich und haltbarer waren. Heute gehört das *Tripitaka Koreana* zum UNESCO Weltkulturerbe. Berühmtheit erlangten auch die Keramiken der *Goryeo*-Zeit, die wegen ihrer ausgewogenen Form und Schönheit ihrer Farben auf der ganzen Welt geschätzt werden. Die geheimnisvolle blaugrüne, eisvogelfarbige Glasur und typische Dekors, wie z.B. Kranich, Wolken oder Trauerweide, ließen das koreanische Seladon dieser Zeit zu einem geschätzten Sammlerobjekt werden.

Im 13. Jh. stiegen die Mongolen zu einer asiatischen Großmacht auf. 1219 wurden die Khitanen, die von Norden in die Region von *Goryeo* eingedrungen waren, durch das *Goryeo*-Heer mit mongolischer Unterstützung besiegt. Daraufhin erhoben die Mongolen mit dem Argument, sie hätten *Goryeo* von den Khitanen befreit, eine jährliche Tributzahlung. Im weiteren Verlauf der Geschichte kam es häufig zu politischen Spannungen, da *Goryeo* die Zahlungen ein ums andere Mal verweigerte. Zu einer blutigen Auseinandersetzung kam es schließlich, als im Jahre 1225 ein mongolischer Gesandter auf dem Rückweg von *Goryeo* getötet wurde. 1231 fielen die Mongolen in *Goryeo* ein. Sie zogen sich zwar nach Verhandlungen 1232 wieder zurück, hinterließen jedoch Militärgouverneure und bestanden weiterhin auf Tributzahlungen. Aufgrund der instabilen politischen Lage des Landes verlegte man die Hauptstadt auf die Insel *Ganghwa*. Die Bevölkerung litt sehr unter der brutalen Vorherrschaft der Mongolen, deren Militärs plündernd und brandschatzend das Land unsicher machten. Nahrungsmittelknappheit war die Folge dieses ungezügelten Treibens. Dessen ungeachtet setzte die herrschende Oberschicht ihr gewohntes Luxusleben auf der Insel *Ganghwa* fort. Zwischen den Jahren 1231 bis 1258 fielen die Mongolen insgesamt sechs mal in *Goryeo* ein. Die Bevölkerung *Goryeos* leistete zunehmend erbitterten Widerstand gegen diese Übergriffe, die durch eine im Jahre 1258 geschlossene Friedensvereinbarung zwischen *Goryeo* und den Mongolen endeten. Die Mongolen eroberten China im Jahre 1261 und errichteten im Jahre 1271 die *Yuan*-Dynastie. Die Machtbestrebungen des Nachbarn führten zu einer weiteren politischen Vereinnahmung; *Goryeo*-Könige wurden gezwungen *Yuan*-Prinzessinnen zu heiraten und *Goryeo*-Prinzen wuchsen als Geisel bis zu ihrer Krönung in China auf. So sicherte sich die *Yuan*-Dynastie ihren zukünftigen Einfluss auf der Halbinsel. Die Mongolen sahen *Goryeo* als einen militärstrategischen Ausgangspunkt für ihre kriegerischen Ambitionen in Richtung Japan. Die Bevölkerung *Goryeos* wurde gezwungen Kriegsschiffe zu bauen und Nahrungsmittel für die Soldaten zur Verfügung zu stellen. Daneben mussten sie hohe Abgaben in Form von Gold, Silber, Stoffen, jungen Frauen, Ginseng etc. leisten. Zudem wurden *goryeoische* Männer für Soldatendienste gegen Japan zwangsrekrutiert. Beide Invasionen (1274 und 1281) gegen Japan blieben allerdings erfolglos. Als Mitte des 14. Jh.s die Herrschaft der Mongolen in China durch die aufstrebende *Ming*-Dynastie in Bedrängnis geriet, nutzte der damalige König *Goryeos* die Situation, um sein Land vom Joch der Fremdherrschaft zu befreien.

Die anschließenden Auseinandersetzungen über die wirtschaftliche und politische Neuordnung führten zu einer schweren innenpolitischen Krise, die letztendlich den Untergang der *Goryeo*-Dynastie auslöste. I Seong-gye (Yi Song-gye), der durch seine Erfolge gegen japanische Piraten unter der Bevölkerung großes Ansehen genoss, gelang es einen unblutigen Staatsstreich durchzuführen. Mit Hilfe einer Gruppe neokonfuzianischer Gelehrter bereitete er die Gründung einer neuen Dynastie vor. 1390 zwang er den König eine Landreform durchzuführen. Diese entzog den einflussreichen Familien den wirtschaftlichen Rückhalt, ihre politische Einflussnahme und ihre sozialhierarchische Bedeutung. 1392 wurde der König zum Abdanken gezwungen und I Seong-gye stellte sich an die Spitze des Reiches.

2.3.3 Die *I*-Dynastie (auch *Yi-* oder *Joseon*-Dynastie, 1392–1910)

I Seong-gye ließ sich zum König krönen und leitete damit eine Dynastie ein, die 600 Jahre überdauern sollte. Der neue Herrscher mit der königlichen Bezeichnung Taejo ordnete sein Land unter die Oberhoheit des chinesischen *Ming*-Reiches und stellte somit das alte Kräfteverhältnis zwischen den beiden Nachbarstaaten wieder her. Um das Reich effektiver zu regieren, wurde eine umfassende Verwaltungsreform durchgeführt. Ein zentraler Rat, der mit hochrangigen Zivil- und Militärbeamten besetzt war, formulierte Entscheidungsvorlagen für den König. Das Land wurde in *Joseon* umbenannt und die Hauptstadt 1394 nach *Hanyang*, dem heutigen *Seoul*, verlegt. Der noch heute erhaltene *Gyeongbuk*-Palast wurde königliche Residenz und Symbol des dynastischen Herrscherhauses des *I* (*Yi*)-Clans.

Die alte Staatsreligion Buddhismus war wegen der weit verbreiteten Korruption in den Klöstern bei den neuen Herrschern in Ungnade gefallen. Auch den Untergang der *Goryeo*-Dynastie lastete man dem Buddhismus an. Dies führte dazu, dass zu Beginn des 15. Jh.s viele buddhistische Tempel zerstört und der Grundbesitz der Klöster enteignet wurde. Darüber hinaus wurden buddhistische Zeremonien am Hofe verboten, was zu einem starken Bedeutungsverlust der Religion führte. Die neue Dynastie erhob den Konfuzianismus zur offiziellen Staatsphilosophie. Es entstanden zahlreiche konfuzianische Schulen, in der die konfuzianischen Schriften gelehrt wurden. Die mittlerweile verfeinerten Typendruckverfahren führten zu zahlreichen Veröffentlichungen der konfuzianischen Lehre und einer starken Durchdringung der Bevölkerung. Als Auswahlkriterium für eine mögliche Beamtenschaft war nicht länger die familiäre Abstammung entscheidend, sondern die individuelle Leistung bei den konfuzianischen Prüfungen. Zur Prüfung zugelassen wurde jedoch meist nur die herrschende Schicht der *I* (*Yi*)-Dynastie; die *Yangban*.

Die noch in der *Goryeo*-Dynastie durchgeführte Bodenreform führte zusammen mit neuen Anbautechniken zu einer Steigerung der Agrarproduktion und verbesserte gleichzeitig den Lebensstandard der Bevölkerung im 15. Jh. deutlich. Eine Blütezeit der geistigen und kulturellen Entwicklung des Landes folgte. König Sejong (1418–1450) förderte die Wissenschaften und führte zahlreiche Neuerungen in den Bereichen Medizin, Landwirtschaft, Rechtswesen, Astronomie u. v. a. ein. Zu den bedeutendsten Erfindungen dieser Zeit gehört die koreanische Schrift, die weltweit von Experten als das best formulierte Schriftsystem angesehen wird (siehe hierzu das Kapitel: Koreanische Sprache und Schrift)

Auch während der *I*-Dynastie wurde das Land von außen bedroht. Der japanische General Toyotomi Hideyoshi, Speerspitze einer Expansionspolitik des Inselstaates im asiatischen Raum, fiel 1592 in Korea ein und vermochte es, mit einer Armee von 200.000 Mann innerhalb weniger Wochen ganz *Joseon* einzunehmen. Die siegreichen Seeschlachten an der koreanischen Küste unter der Führung von Admiral I Sun-sin brachten jedoch die Wende und die Vertreibung der Invasoren. Admiral I Sun-sin entwickelte das sogenannte Schildkrötenschiff; ein Schiff in Form einer Schildkröte, das mit einer Panzerung aus Eisenplatten zur Abwehr von feindlichen Geschossen und Pfeilen ausgerüstet war. Die zahlenmäßig unterlegene koreanische Flotte konnte mit Hilfe dieser Panzerschiffe mehrere Siege erringen. Gleichzeitig formierte sich starker Widerstand gegen die Invasoren in der koreanischen Bevölkerung. Sogenannte *Uibyeong* (Gerechte- oder Freiwilligenarmeen) erhoben sich und fügten den Japanern schwere Verluste zu. Weitere Unterstützung wurde den Koreanern durch die chinesische *Ming*-Regierung zuteil, die Truppenverbände auf die Halbinsel entsandte. Auf diese Weise wurde dieser erste Invasionsversuch sowie ein zweiter im Jahr 1597 erfolgreich abgewehrt. Der Tod Hideyoshis 1598 markierte vorerst das militärische Ende japanischer Ambitionen auf der Halbinsel. Admiral I Sun-sin starb bei einer Seeschlacht im gleichen Jahr. Er wird in Korea für seine Erfolge, aber auch für seinen Mut und Einsatz für das Vaterland noch heute sehr verehrt. Statuen und Standbilder allerorten belegen diese Wertschätzung.

Auf den japanischen Rückzug folgte 30 Jahre später ein Einfall des nördlichen Nachbarn. In den Jahren 1627 und 1636 marschierten mandschurische Truppen in *Joseon* ein und unterwarfen das Land. *Joseon* wurde damit gegenüber den Mandschu tributpflichtig. Die mandschurische Invasion und die wiederholten Piratenüberfälle auf Küstensiedlungen veranlassten die koreanische Regierung im 17. Jh. zu einer strikten Abschließungspolitik nach außen. Der Bevölkerung wurde bei Todesstrafe der Kontakt zum Ausland verboten. Nur die jährlichen Tributgesandtschaften an den chinesischen Kaiserhof sowie einige Abordnungen waren die Ausnahmen. So blieb *Joseon* für mehrere Jahrhunderte von der Außenwelt isoliert und wurde als „Hermit Kingdom" bezeichnet.

Die Isolierung des Landes wurde knapp 250 Jahre später durch Japan beendet. Durch eine Machtdemonstration gelang dem militärisch hochgerüsteten Inselstaat die Öffnung mehrerer Häfen für den Handel mit Japan. Ratifiziert im Vertrag von *Ganghwa* 1876 war die ökonomische Erschließung der Halbinsel mittels japanischer Gesandtschaften nunmehr möglich. Die Souveränität Koreas wurde durch diesen Vertrag von Japan faktisch anerkannt, obwohl China nach wie vor auf der formalen Abhängigkeit Koreas beharrte. Das japanisch-koreanische Verhältnis verschlechterte sich im Laufe der Zeit durch die zunehmende Einflussnahme des japanischen Kaiserhofes. Japan versuchte das koreanische Militär nach europäischem Vorbild zu reorganisieren. Die alten koreanischen Garden stürmten daraufhin das japanische Konsulat und setzten es in Brand. Chinesische Truppen eilten der koreanischen Monarchie zu Hilfe und für eine kurze Zeit wurde die alte Abhängigkeit zu China wiederhergestellt. Ein deutscher Generalkonsul, Paul Georg von Moellendorff, wurde von China als außenpolitischer Berater nach Korea geschickt. Parallel dazu drängte China Korea zum Abschluss von Handels- und Freundschaftsverträgen mit Amerika, Frankreich, Großbritannien und Deutschland, um dem Expansionismus Japans Einhalt zu gebieten. Japan fürchtete jedoch um den großen Einfluss Chinas und vereinbarte im Vertrag von *Tianjin (Tientsin)*, im Jahre 1885, den Rückzug der beiden Großmächte von der koreanischen Halbinsel.

Paul Georg von Moellendorff riet der koreanischen Regierung mit Russland einen Handelsvertrag abzuschließen, um die starken Einflüsse der beiden Nachbarstaaten China und Japan abzuschwächen. Dies jedoch entsprach nicht den Interessen der Chinesen und von Moellendorff wurde nach China zurückbeordert. Die Koreaner jedoch folgten seinem Rat und schlossen im Jahre 1888 mit Russland einen Handelsvertrag ab. Korea wurde in den Jahren 1877 und 1889 von großen Dürren heimgesucht und die hohe Steuerlast erschwerte das Leben der Bauern zusehends. 1864 wurde der Anführer und Sektengründer der *Donghak*-Sekte (östliche Lehre), die sich als Gegengewicht zum aufkommenden Christentum *Seohak* (westliche Lehre) verstand, hingerichtet. Er hatte das Ausbleiben wichtiger Reformen kritisiert. Die Bauern forderten nach seiner Hinrichtung die Anerkennung der *Donghak* als Staatsreligion und die Rehabilitierung des Sektengründers. Jedoch ohne Erfolg. 1894 kam es zu Aufständen im ganzen Land. König Gojong rief chinesische Truppen zu Hilfe, um die aufkeimenden Unruhen militärisch zu unterdrücken. Dies wurde von Japan als Verletzung des Vertrages von *Tianjin* gewertet, und es entsandte ebenfalls Truppen nach Korea. Den anschließenden Krieg zwischen den beiden großen Nationen konnte Japan für sich entscheiden. Auf japanisches Drängen hin musste Korea seine Unabhängigkeit erklären. Der japanische Einfluss in Korea wuchs rasant; u. a. wurden politische Reformen nach japanischem Vorbild durchgeführt. Der Unmut der Bevölkerung gegen Japan zeigte sich offen, als ein japanischer Gesandte ein Mordkomplott gegen die koreanische Königin anstiftete. König Gojong suchte nach wachsenden Unruhen in der russischen Gesandtschaft im Frühjahr 1896 Zuflucht. Als Russland 1899 versuchte, den koreanischen Hafen *Masan* als Flottenstützpunkt zu erwerben, kam es zu erneuten Konflikten zwischen Russland und Japan, die 1904 im russisch-japanischen Krieg endeten. Korea erklärte sofort zu Beginn des Konfliktes seine Neutralität. Dies hatte jedoch keinerlei Wirkung. Nachdem die russische Flotte am 27. Mai 1905 eine verheerende Niederlage erlitten hatte und es in Russland zu schweren Unruhen durch eine Revolution gekommen war, sah sich Zar Nikolaus II gezwungen, mit Japan Frieden zu schließen. Die USA boten sich als Unterhändler für die Verhandlungen an. In dem anschließenden Vertrag wurde Japan die Vormachtstellung in Korea und der Mandschurei zuerkannt. Ferner musste Russland den Süden der Insel Sachalin an Japan abtreten. Die koreanische Regierung wurde gezwungen, die mit Russland geschlossenen Verträge zu kündigen. Zwar traten die USA als neutraler Unterhändler auf, aber durch ihre Anerkennung der Herrschaft Japans in Korea konnten sie in einem separaten Vertrag mit Japan ihre Interessen auf den Philippinen sichern. Theodor Roosevelt erhielt für seine Vermittlerrolle 1906 den Friedensnobelpreis. Für die Koreaner aber war der Vertrag von Portsmouth der Beginn des dunkelsten Kapitels ihrer Geschichte – der Kolonialisierung des Landes durch die Japaner.

König Gojong entsandte heimlich eine koreanische Delegation nach Den Haag zur Friedenskonferenz und bat die Großmächte um die Wiederaufnahme der diplomatischen Beziehungen mit seinem Land, um so die Souveränität wieder zu erlangen. Dieses Bemühen blieb jedoch ohne Erfolg und der König wurde gezwungen abzudanken. Sein Sohn Sunjong folgte ihm am 19.07.1907 auf den Thron.

2.3.4   Japanische Kolonialzeit (1910–1945)

1910 wurde Korea zu einer japanischen Kolonie erklärt und fortan von einem japanischen Generalgouverneur regiert, der dem japanischen Kaiser direkt unterstellt war. Das Hauptziel der japanischen Kolonialpolitik in Korea war es, das Land ökonomisch für japanische Ziele zu erschließen und Japan den größtmöglichen Nutzen zu bringen. Zu diesem Zweck wurden die Bewässerungssysteme in der Landwirtschaft verbessert, die Infrastruktur des Landes ausgebaut und Bodenschätze abgebaut. Die Produktionszahlen in der Agrarwirtschaft stiegen auf diese Weise zwar an, Ernteerträge waren jedoch für den Export nach Japan bestimmt, so dass es zu einer chronischen Unterversorgung der koreanischen Bevölkerung kam. Widerstandsgruppen gegen die japanischen Kolonialherrscher hatten in der Folge zunehmend Zulauf. Anlässlich der Beerdingungsfeierlichkeiten am 1. März 1919 für den im Januar verstorbenen König Gojong kam es zu einem gewaltfreien Aufstand gegen die japanische Besatzungsmacht. Im Pagodenpark von *Seoul* verlasen Demonstranten eine Unabhängigkeitserklärung. Dieser friedliche Aufstand wurde gewaltsam niedergeschlagen. Resultat: 7.000 Tote, 15.000 Verwundete und 46.000 Verhaftungen.

In Shanghai hatte sich eine koreanische Exilregierung unter der Führung von Rhee Syng-man gebildet. Sie versuchte, die Korea-Frage auf der Konferenz von Versailles (1919) zur Sprache zu bringen. Dieses Unterfangen scheiterte jedoch am Widerstand Japans.

Japan verfolgte seit dem Jahre 1937 eine Assimilationspolitik in seinen asiatischen Kolonien, deren Ziel es war, die kulturelle Eigenständigkeit der be-

setzten Länder auszulöschen. In den Schulen war Japanisch einzige Unter-
richtssprache. Die Bevölkerung wurde gezwungen, japanische Namen an-
zunehmen. Bei jeder öffentlichen Zusammenkunft wurde ein Treueeid auf
den japanischen Kaiser geleistet und die Menschen wurden angehalten,
Shinto-Schreine zu besuchen. Mit dem Ausbruch des chinesisch-japanischen
Krieges (1937) wurde die Situation für die koreanische Bevölkerung noch
verheerender. Die Ausbeutung von Nahrungsmitteln und Bodenschätzen
trieb das Land in den Ruin. Zehntausende von jungen Koreanern wurden
zum Militärdienst für den japanischen Kaiser oder als Hilfskräfte für die
Rüstungs- und Minenbetriebe in Japan zwangsverpflichtet. Hunderttausen-
de junger Koreanerinnen mussten sich als sogenannte „Comfort Women" für
die japanischen Soldaten an der Front zwangsprostituieren. Bei der Rekrutierung dieser Frauen schreckten die Japaner auch nicht vor Entführungen
zurück.

Auf der Konferenz von Kairo im Jahre 1943 stellten die Teilnehmerstaaten
Amerika, Großbritannien und China die Wiedererlangung der koreanischen
Souveränität in Aussicht. Während der Folgekonferenz auf Jalta 1945 einig-
ten sich Stalin und Roosevelt auf eine internationale Treuhandschaft für
Korea. Als Japan bedingungslos kapitulierte, hielten sich russische Truppen
bereits in Korea auf. Die USA befürchteten, dass Russland diesen Vorteil
nutzen und das Land unter seine Kontrolle bringen würde. Zu dem Zeitpunkt befanden sich amerikanische Truppen noch im Südpazifik. Daher
schlugen die USA vor, Korea entlang des 38. Breitengrades zu teilen. Stalin
stimmte diesem Vorschlag zu, denn er wollte sich ein Mitspracherecht bei
der zukünftigen Entwicklung Japans sichern. Im Moskauer Vertrag vom 20.
Dezember 1945 wurde eine fünfjährige Treuhandschaft von Amerika, Russland, Großbritannien und China vereinbart. Ferner sollte eine sowjetisch-
amerikanische Kommission zur Bildung einer provisorischen Regierung
eingerichtet werden.

Als im Frühjahr 1946 die gemeinsame Kommission der Besatzungsmächte
zum ersten Mal zusammenkam und sich nicht über die Bildung der provisorischen Regierung einigen konnte, kam es auf politischer Ebene zu einer
klaren Trennung zwischen Nord- und Südkorea. Im Süden bildeten die A-
merikaner einen repräsentativen, demokratischen Rat mit dem Vorsitzenden
Rhee Syng-man, während im Norden ein provisorischer Volksausschuss als

administratives Organ gewählt wurde, an dessen Spitze Kim Il-sung trat. Als die bilateralen Gespräche zwischen Russland und den USA keine Ergebnisse brachten, wandten sich die USA an die Vereinten Nationen. Die Vollversammlung der UNO beschloss die Durchführung freier Wahlen in Korea unter der Aufsicht von Wahlbeobachtern. Die Wahlen zur verfassungsgebenden Nationalversammlung konnten jedoch nur im Süden der koreanischen Halbinsel realisiert werden, da Nordkorea den UNO-Wahlbeobachtern die Einreise verweigerte. Nach der Wahl und der Ausarbeitung einer Verfassung wurde am 15.08.1948 im Süden der Halbinsel die Republik Korea ausgerufen. Die Reaktion aus dem Norden ließ nicht lange auf sich warten. Die kommunistischen Organisationen aus ganz Korea hielten eine Wahl zur Obersten Volksversammlung ab. Am 25. August wurde die Demokratische Volksrepublik *Joseon* ausgerufen. Damit war die koreanische Halbinsel de facto in zwei Staaten geteilt. Mit Hilfe von Russland wurde die Aufrüstung Nordkoreas frühzeitig gestartet. Russland kündigte im Dezember 1948 den Rückzug seiner Truppen aus Nordkorea an. Dies veranlasste die Amerikaner auch ihre Truppen aus Korea abzuziehen. Die südkoreanische Armee wurde auf 65.000 Mann aufgestockt und ihr die Aufgabe der Landesverteidigung übertragen.

2.3.5   Der Koreakrieg (1950–1953)

Am Morgen des 25. Juni 1950 begannen nordkoreanische Truppen den „Bruderkrieg", um mit Gewalt die Wiedervereinigung des Landes herbeizuführen. Die schlecht ausgerüstete und zahlenmäßig den Truppen aus dem Norden weit unterlegene, südkoreanische Armee leistete nur geringen Widerstand gegen die Invasoren. Innerhalb weniger Tage wurde *Seoul* durch nordkoreanische Truppen besetzt. Bis Juli gelang der Vorstoß bis kurz vor *Busan*. Der Weltsicherheitsrat der Vereinten Nationen verurteilte Nordkorea in Abwesenheit der UdSSR als Aggressor und forderte die Mitgliedstaaten der UNO auf, Südkorea militärisch zu unterstützen. 16 Staaten entsandten Truppen nach Korea: Äthiopien, Australien, Belgien, Frankreich, Griechenland, Großbritannien, Kanada, Kolumbien, Luxemburg, Neuseeland, die Niederlande, die Philippinen, Südafrika, Thailand, die Türkei und die USA. Der Vormarsch der Nordkoreaner konnte erst durch den massiven Einsatz

der amerikanischen Luftwaffe bei *Daegu* gestoppt werden. Ein strategischer
Schachzug von General Mac Arthur, dem Oberbefehlshaber der amerikanischen Pazifikstreitkräfte, führte die Wende zugunsten Südkoreas herbei. Am
15. September landeten 40.000 Marineinfanteristen in *Incheon*, einer Hafen-
stadt 30 km westlich von *Seoul*, und fielen dem Gegner in den Rücken. Die
nordkoreanischen Truppen befanden sich somit in einer Zangenbewegung
und waren zum Rückzug gezwungen. Innerhalb von 14 Tagen gewannen
die alliierten Streitkräfte der USA und der Vereinten Nationen das Gebiet
südlich des 38. Breitengrades zurück. Ende Oktober fiel die nordkoreanische
Hauptstadt *Pyeongyang* und Ende November erreichten amerikanische Elite-
einheiten den *Yalu*, den Grenzfluss zu China. General Mac Arthur erhielt
den Befehl, den Grenzfluss zu China nicht zu überschreiten, um eine Aus-
weitung des Krieges nach China zu vermeiden. Die Chinesen jedoch schleus-
ten im Laufe des Novembers 300.000 Soldaten nach Nordkorea ein und un-
terstützten die nordkoreanischen Truppen bei ihrer Gegenoffensive. Die
Alliierten waren durch diese Offensive zum Rückzug gezwungen. Zu Beginn des Jahres 1951 fiel die Hauptstadt *Seoul* erneut in die Hände der Nordkoreaner. Im Februar gelang es den Alliierten wiederum das Territorium bis
zum 38. Breitengrad zurück zu erobern. Die folgenden zwei Jahre waren
durch zähe Stellungskriege gekennzeichnet.

Ende Juni 1951 schlug der sowjetische UNO-Delegierte die Beilegung der
Feindseligkeiten vor. Nach zweijährigen Verhandlungen und 765 Konferen-
zen wurde schließlich am 27. Juli 1953 in *Panmunjeom*, einem Dorf im Grenzgebiet am 38. Breitengrad, die Waffenstillstandsvereinbarung von allen beteiligten Vertragspartnern unterzeichnet. Der Koreakrieg war verheerend für
das gesamte Land: 3,7 Millionen Flüchtlinge und bis zu 3 Millionen Tote.
Nach dem Koreakrieg wurden 48.000 amerikanische Soldaten in Korea stationiert.

2.3.6   Die erste Republik (1950–1960)

Das Hauptziel des Staates unter der ersten Regierung von Rhee Syng-man
war die Eindämmung des Kommunismus. Mit Unterstützung der USA
konnte Rhee Syng-man ein autokratisches und repressives Regime aufbauen.
Als Machtinstrument diente die Bürokratie und der Polizeiapparat. Seine im

Jahre 1951 gegründete Partei *Jayudang* (Die Liberalen) konnte durch Einschüchterung, Betrug und Bestechung die Mehrheit im Parlament erreichen. 1952 setzte er mit Hilfe des Nationalen Sicherheitsgesetzes seine Wiederwahl durch. Als er 1960 erneut versuchte, die Präsidentschaftswahlen zu seinen Gunsten zu manipulieren, brachen Studentendemonstrationen los, die das Ende der ersten Republik herbeiführten. Rhee war gezwungen abzudanken und nach Hawaii ins Exil zu gehen, wo er 1965 verstarb.

2.3.7   Die zweite Republik (1960–1961)

Rhee Syng-man übergab die Macht an den Außenminister Heo Jeong. Seine Übergangsregierung bereitete die Verfassungsänderung vor und leitete somit den Demokratisierungsprozess ein. Ein parlamentarisches System mit einem, in seinen Kompetenzen beschränkten Präsidenten, einer starken Nationalversammlung und einem Ministerpräsidenten als wichtigstem Repräsentanten der Exekutive, sollte entstehen. Im Juli 1960 fanden Neuwahlen statt. Die Demokratische Partei konnte die Wahlen für sich entscheiden und Yun Bo-seon wurde Präsident der zweiten Republik. Die zuvor versprochenen sozialen Reformen wurden jedoch nicht angegangen, das Korruptions-Netzwerk der Elite blieb unverändert und die Zersplitterungstendenzen innerhalb der Demokratischen Partei machten sich nach den Wahlen wieder bemerkbar. Das führte zu weiteren zahlreichen Demonstrationen von Studenten, die mit der politischen Situation unzufrieden waren und eine Wiedervereinigung mit dem Norden verlangten. Die USA nahmen ihre Finanzhilfen zu diesem Zeitpunkt zurück. Dies führte im Nachgang nicht nur zu einer politischen, sondern auch zu einer wirtschaftlichen Verunsicherung im Land. Die neunmonatige zweite Republik wurde durch einen Militärputsch beendet.

2.3.8   Die Ära von Park Chung-hee (1961–1979)

General Park Chung-hee führte eine Gruppe von etwa 250 Offizieren an, die den Putsch organisierten und am 16. Mai 1961 mit ihm gemeinsam durchführten. Innerhalb weniger Wochen nach der Machtergreifung wurde eine großangelegte „Säuberungsaktion" durchgeführt. Es kam zu 15.000 Verhaf-

tungen, darunter 2.000 Politiker, Zwangsentlassungen und Zwangspensio-
nierungen von Beamten und Offizieren. 19 der damals insgesamt 64 Tages-
zeitungen wurden verboten. Der neu gegründete Revolutionsrat der Militär-
junta gelobte die Verwirklichung von sechs Zielen: Antikommunismus, enge
Bande zu den USA, Ausrottung jeder Korruption und des sozialen Übels,
Schaffung einer neuen Moral und Aufbau der Wirtschaft. Nach Erreichen
der Ziele wollte sich der Rat aus der Politik zurückziehen. 1963, zwei Jahre
nach der Machtübernahme durch die Junta, wurde der Ausnahmezustand
aufgehoben. Die Zeit bis dahin hatte das Militär jedoch gut genutzt, um seine Machtposition zu stärken und langfristig zu sichern. Durch die neu ge-
schaffene Korean Central Intelligence Agency (KCIA), dem koreanischen
Pendant zur amerikanischen CIA, wurde jegliche oppositionelle politische
Aktivität in ihren Anfängen erstickt. Zur Legalisierung ihrer Herrschaftsan-
sprüche und als Beweis ihrer politischen Daseinsberechtigung gründete die
Junta eine Partei, die Demokratische Republikanische Partei (DRP). Diese
Partei bereitete eine neue Verfassung für die Dritte Republik vor. Sie sah
eine Rückkehr zum ausgeprägten Präsidialsystem vor und wurde im Dezember 1962 verabschiedet. Bei den anschließenden Parlaments- und Präsidentschaftswahlen ging Park Chung-hee wie erwartet als Sieger hervor. Die
DRP konnte 63 Prozent der Parlamentssitze gewinnen. Eine Opposition
brauchte Park nicht zu fürchten, da die oppositionellen Parteien zu sehr
zersplittert waren.

Park erkannte schnell, dass für den Aufbau der koreanischen Wirtschaft die
Normalisierung der Beziehung zu Japan unerlässlich war. Gegen starke innenpolitische Widerstände wusste er sich durchzusetzen und im Jahre 1965
wurden die diplomatischen Beziehungen offiziell zu Japan aufgenommen.
Dadurch gelangte Park auch an japanische Entwicklungshilfe. Unter staatlicher Förderung und Lenkung konnten die Konzerne ihre Strukturanpassun-
gen erfolgreich umsetzen, die koreanische Wirtschaft blühte auf. Der Wirt-
schaftsaufschwung der 1960er Jahre verhalf Park Chung-hee zu einem erneuten Sieg bei den Präsidentschaftswahlen im Jahre 1967. Um auch danach
seine erneute Wiederwahl politisch durchzusetzen erzwang Park 1969 eine
Verfassungsänderung. Er wurde im Amt bestätigt. Doch der Widerstand
gegen Parks Diktatur wuchs. Das verdeutlichte u. a. das Ergebnis der Präsidentschaftswahlen von 1971. Parks stärkster Gegner, der New Democratic

Party (NDP)-Kandidat Kim Dae-jung (späterer Staatspräsident von 1998–2003), konnte 45 Prozent der abgegebenen Stimmen auf sich vereinen. Jedoch reichte das Ergebnis nicht, Park abzulösen. Bedroht durch den Erfolg der Opposition bei den Wahlen, durch die wachsenden sozialen Spannungen im Land und durch die Zunahme der Streiks und Protestaktionen der Industriearbeiter sowie der Studentendemonstrationen, griff die Regierung Park zu weiteren diktatorischen Maßnahmen. Im Jahre 1972 wurde der Kriegszustand über das Land verhängt, die Nationalversammlung aufgelöst und die *Yushin*-Reform eingeführt. Diese Reform der sozio-politischen Erneuerung überzog die Bevölkerung mit drastischen Einschränkungen in ihrer Wahlfreiheit. Park war es nun möglich, sich unbegrenzt durch ausgewählte Wahlmänner von einer mehrtausendköpfigen „Nationalkonferenz für die Wiedervereinigung" wählen zu lassen. Somit wurde der Präsident weder durch die Nationalversammlung noch durch die Bevölkerung in direkter Abstimmung gewählt. Seine politischen Gegner, wie der Oppositionelle Kim Dae-jung, sahen sich einer systematischen Verfolgung ausgesetzt. Kim selbst wurde 1973 vom Geheimdienst unter Hausarrest gestellt. Anhaltende soziale Spannungen und wachsende Unzufriedenheit verhalfen der Opposition bei den Wahlen vom Dezember 1978 zum Wahlsieg. Aufgrund der Eigenheiten des koreanischen Wahlsystems konnte die amtierende Regierung jedoch die parlamentarische Mehrheit behalten, obwohl sie gegenüber der Opposition mit 1,1 Prozent der Stimmen zurücklag.

Die Ära von Park Chung-hee endete am 26. Oktober 1979, als dieser vom amtierenden KCIA Chef Kim Jae-kyu bei einem Abendessen ermordet wurde.

Koreaner blicken mit gemischten Gefühlen auf die Ära Park Chung-hees zurück. Während seiner Amtszeit waren Menschenrechte und Pressefreiheit stark eingeschränkt, demokratische Bürgerrechte kaum durchsetzbar. Andererseits wurden gerade in dieser Zeit die Grundsteine für den heutigen wirtschaftlichen Erfolg Koreas gelegt.

2.3.9   Chun Doo-hwan (1980–1988)

Choi Kyu-hah wurde zum amtierenden und danach zum Interimspräsidenten bestimmt. Im Dezember 1979 wurde die Freilassung von etwa 70 politischen Gefangenen veranlasst. Darunter befand sich auch Kim Dae-jung. Bei den folgenden freien Wahlen wollte Kim Dae-jung erneut antreten und versuchte sich im Vorfeld mit Kim Young-sam (späterer Staatspräsident von 1993 bis 1998) über seine Kandidatur zu einigen. Dieser war von der Oppositionspartei NDP zum Präsidenten der Partei ernannt worden. Als Kim Young-sam nicht bereit war, zu seinen Gunsten zurückzustecken, suchte Kim Dae-jung die Unterstützung der Studenten. Auch innerhalb des Militärs spielte sich parallel ein Machtkampf ab, aus dem Generalmajor Chun Doo-hwan als Sieger hervorging.

Die innenpolitische Krise spitzte sich rasch zu; Studentendemonstrationen, Arbeitsniederlegungen und Ausschreitungen häuften sich besonders in der Provinz *Jeolla*, der Heimat von Kim Dae-jung. Major Chun Doo-hwan, der bereits im April 1980 an die Macht gelangt war und den Vorsitz des Geheimdienstes KCIA inne hatte, verhängte am 17. Mai 1980 das Kriegsrecht. Prominente Oppositionsführer wie Kim Dae-jung wurden sofort verhaftet und später zum Tode verurteilt. Nach internationalen Protesten wurde die Strafe in Haftstrafe umgewandelt. 1982 erlaubte man ihm die Ausreise in die USA. Nach der Verhaftung Kims kam es in *Gwangju*, der Hauptstadt der Provinz *Jeolla*, zu einer spontanen Massendemonstration von 2.000 Studenten gegen die Verhängung des Kriegsrechts. Das Militär ging mit größter Härte vor, konnte die Stadt jedoch erst am 27. Mai, nach tagelangen Straßenschlachten mit den Demonstranten, einnehmen. Nach offiziellen Angaben gab es 191 Tote und einige Tausende Verletzte. Inoffizielle Zahlen dürften weitaus höher sein.

Die militärische Niederschlagung der Stundentenproteste von *Gwangju* hallt bis heute traumatisch in der koreanischen Gesellschaft nach. Die vollständige und abschließende Aufarbeitung dieses Vorfalls steht gleichsam immer noch aus. *Gwangju* war im Nachgang Auslöser einer flächendeckenden antiamerikanischen Haltung in der Bevölkerung. Man war der einhelligen Ansicht, dass die amerikanische Regierung das harte Eingreifen des koreanischen Militärs gebilligt habe. Der anschließenden Säuberungsaktion unter Generalmajor Chun Doo-hwan fielen 800 Beamte, Manager und Journalisten zum Opfer.

Die im Herbst 1980 verabschiedete neue Verfassung sah wiederum die indirekte Wahl des Präsidenten vor, so wie bereits bei der *Yusin*-Verfassung. Die Amtszeit wurde diesmal jedoch auf eine siebenjährige Periode beschränkt. Am 1. September 1980 wurde Chun zum Präsidenten gewählt. Wirtschaftspolitisch setzte das Regime Chun eher auf eine pragmatische, von Managern und Geschäftsleuten beeinflusste, Politik als auf die akademischen Planer der Park-Ära. Ob nun als Folge dieser neuen Politik oder aufgrund der günstigen weltwirtschaftlichen Rahmenbedingungen: Die schwere Wirtschaftskrise von 1980 konnte überwunden werden, die südkoreanische Wirtschaft fand sich rasch auf Erfolgskurs.

Die Regierung Chun Doo-hwans weigerte sich trotz positiver ökonomischer Veränderungen im Land vehement gegen eine demokratische Öffnung, gegen eine Beteiligung und Mitwirkung der Opposition und gegen mehr Mitbestimmung des Volkes. Chuns Rolle beim *Gwangju*-Aufstand haben die Menschen ihm nie verziehen. Korruptionsskandale, in die nicht nur die Spitze der Regierungspartei, sondern auch Chuns Familie direkt verstrickt waren, führten zu wachsendem Widerstand gegen die Regierung und vor allem gegen seine Person. Seit 1983 erfreute sich die Oppositionsbewegung regem Zulauf im Land. Die Studenten waren wieder Vorreiter bei den Demonstrationen gegen die Regierung, die zu Beginn der 1980er Jahre stark antiamerikanische Züge hatte. Die beiden bekanntesten Oppositionspolitiker, Kim Young-sam und Kim Dae-jung, tauchten nun wieder verstärkt in der Öffentlichkeit auf. Kim Young-sam versuchte die Demokratie medienwirksam durch einen Hungerstreik herbeizuführen, während Kim Dae-jung aus dem amerikanischen Exil heraus, vehement den Rücktritt Chuns forderte. Im Juni 1984 gründeten die beiden Oppositionspolitiker das Konsultative Komitee zur Förderung der Demokratie (KKFD). Kim Dae-jung kehrte 1985, wenige Tage vor den Wahlen zur Nationalversammlung und gegen den Willen der Regierung, nach Südkorea zurück. Im Januar 1985 wurde in enger Koordination mit dem KKFD eine neue Partei, die Neue Demokratische Partei Koreas (NDPK) gegründet. Bei den Wahlen konnte die NDPK mit 29,2 Prozent der Stimmen bereits einen großen Wahlerfolg verzeichnen. Die Regierungspartei erreichte mit einem schwachen Wahlergebnis von 35,3 Prozent die knappe Mehrheit im Parlament und büßte eine herbe Niederlage ein.

1987 ernannte Chun seinen engen Vertrauten, Roh Tae-woo, zu seinem
Nachfolger. Ex-General Roh hatte bei der Machtergreifung Chuns eine
Schlüsselrolle gespielt, so dass die Nachricht seiner Ernennung eine Welle
von Protesten auslöste. An diesen spontanen Protesten beteiligte sich erstmals auch die Mittelklasse des koreanischen Bürgertums. Südkorea hatte die
Austragung der Olympischen Sommerspiele 1988 für sich gewinnen können
und so beobachtete die ganze Welt gespannt die politischen Veränderungen
und Entwicklungen im Vorfeld der Spiele. An einem schlechten Image des
Landes war den Regierenden nicht gelegen. Auf Anraten von Roh kündigte
daher Chun Doo-hwan am 1. Juli 1987 eine Verfassungsänderung mit um-
fassenden Maßnahmen zur Demokratisierung an. Der Präsident sollte Ende
1987 direkt vom Volk gewählt werden können. Politische Gefangene sollten
im Zuge dessen freigelassen, die Pressezensur abgeschafft und die politischen Rechte der Oppositionellen wieder hergestellt werden.

2.3.10   Roh Tae-woo (1988–1993)

Die neue Verfassung wurde in Verhandlungen zwischen Regierung und
Opposition im Juli 1987 ausgehandelt und im Oktober per Volksentscheid
mit großer Mehrheit bestätigt. Bei den anschließenden Präsidentschaftswahlen im Dezember ging Roh Tae-woo als Sieger hervor. Er erhielt 35,9 Prozent
der abgegebenen Stimmen. Die beiden Oppositionsgegner wollten wiederum nicht auf ihre jeweilige Präsidentschaftskandidatur verzichten und traten
beide an. Somit spalteten sie die Stimmen der Opposition erneut; Kim Yong-
sam erhielt 27,5 Prozent und Kim Dae-jung 26,5 Prozent der Stimmen. Damit
war die Chance für einen Regierungswechsel vertan. Die Olympischen
Sommerspiele 1988 waren für Südkorea ein wichtiges Ereignis, das nicht nur
den Weg zur Demokratisierung des Landes ebnete, sondern Korea ebenfalls
die Gelegenheit bot, sich als ein wirtschaftlich leistungsfähiges und industri-
alisiertes Land zu präsentieren.

Ab 1989 nahm Südkorea diplomatische Beziehungen zu den Staaten des
ehemaligen Ostblocks auf, darunter Ungarn, Polen, Jugoslawien und Bulga-
rien. 1990 wurden die diplomatischen Beziehungen zur Sowjetunion und
1992 mit der VR China aufgenommen. China veranlasste im gleichen Jahr
Nordkorea seinen Widerstand gegen den gleichzeitigen Beitritt beider kore-

anischer Staaten in die Vereinten Nationen aufzugeben. Bei der Generalver-
sammlung der UNO am 17. September 1992 waren somit beide koreanischen
Staaten erstmals vertreten. Grund für die Aufnahme diplomatischer Beziehungen zum ehemaligen Ostblock waren in erster Linie wirtschaftliche Interessen. Südkorea stellte große Investitionen und Kredite in Aussicht. Gleichzeitig waren die Ostblockländer für Südkorea interessante Produktions-
standorte und mögliche Absatzmärkte. Bis heute gehören Russland und
China zu den stärksten Handelspartnern Südkoreas.

Während der Präsidentschaft von Roh Tae-woo standen zwei innenpolitische Themen im Vordergrund: die Beilegung der Arbeitskämpfe und eine
nicht enden wollende Verfassungsdiskussion.

Die unzureichende Entlohnung in Zeiten eines starken Wirtschaftswachs-
tums und die noch immer eingeschränkten Arbeitnehmerrechte waren wiederholt Grund für hart geführte Arbeitskämpfe. Während und nach der Militärdiktatur wurden die Arbeiten der Gewerkschaften gesetzlich stark eingeschränkt, die Verantwortlichen der Gewerkschaften entweder unter Druck
gesetzt oder durch Gängelung in ihrer Arbeit stark behindert.

Derweil entbrannte zwischen Regierungspartei und Opposition eine heftige
Diskussion über die Grundsatzentscheidung zur Neuausrichtung der koreanischen Verfassung. Während die Regierungspartei an der bestehenden prä-
sidialen Demokratie, die dem Staatspräsidenten als Chef der Exekutive eine
starke Machtposition ermöglichte, festhielt, favorisierte die Opposition das
Modell der parlamentarischen Demokratie mit einer aus dem Parlament
hervorgehenden Exekutive und einem starken Ministerpräsidenten.

Roh Tae-woo gelang es, diese Verfassungsdiskussion zu Gunsten der Regierung zu entscheiden. Im Januar gab er den Zusammenschluss seiner Partei
mit einer weiteren konservativen Partei und mit Teilen der linken Opposition
on unter Kim Young-sam bekannt. Kim Young-sam, der die nächste Präsidentschaftswahl im Auge hatte, schreckte nicht vor dem Schritt zurück, die
Opposition zu spalten und der Regierung eine große Mehrheit im Parlament
zu ermöglichen. Die fusionierte Partei, die Demokratisch-Liberale Partei
DLP, verlor bei der nächsten Parlamentswahlen im Sommer 1994 ihre absolute Mehrheit und musste den Denkzettel der Wähler einstecken. Kim Y-
oung-sam aber erreichte sein Ziel und wurde im Dezember 1994 als Präsi-

dentschaftskandidat der Regierungspartei mit 42 Prozent der abgegebenen
Stimmen gewählt. Seine Gegenkandidaten waren Kim Dae-jung und Jeong
Ju-yeong (Chung Ju-yung, Gründer des Hyundai-Konzerns).

2.3.11   Kim Young-sam (1993–1998)

Die Wahl Kim Young-sams zum Präsidenten bedeutete einen weiteren
Schritt in Richtung Demokratisierung. Er war seit Park Chung-hee der erste
Präsident der nicht dem Militär entstammte. Gleichzeitig war er ein promi-
nenter Oppositionsführer und hatte jahrelang gegen die Militärdiktatur an-
gekämpft. Seine Personalentscheidungen zur Benennung der Kabinettsmit-
glieder machten deutlich, dass die Einmischung des Militärs in die Politik
beendet werden sollte. Zu seinen weiteren innenpolitischen Zielen gehörte
die Korruptionsbekämpfung sowie die Einführung von Direktwahlen auf
lokaler und regionaler Ebene. Bürgermeister und Provinzgouverneure wurden von nun an nicht mehr von der Regierung ernannt, sondern vom Volk
direkt gewählt. Im Kampf gegen die Korruption schreckte Kim nicht davor
zurück, seine beiden Vorgänger Chun und Roh wegen Korruption anzukla-
gen. Beide wurden 1996 wegen massiver Veruntreuung zu langjährigen
Haftstrafen verurteilt. Chun Doo-hwan wurde darüber hinaus wegen seiner
Mitschuld am Massaker vom *Gwangju*-Aufstand 1980 zum Tode verurteilt.
Die Strafe wurde später in eine lebenslange Haftstrafe umgewandelt. Bereits
ein Jahr später wurden die beiden Ex-Präsidenten durch den 1997 gewählten
Präsidenten Kim Dae-jung im Zuge der Amnestie wieder begnadigt. Allerdings geriet Kim Young-sam mit seiner Familie ebenfalls unter Korruptions-
verdacht. Sein Sohn wurde zu einer mehrjährigen Haftstrafe verurteilt.

In der Wirtschaftspolitik wurde in der Ära Kim Yong-sams auf Liberalisierung und Internationalisierung gesetzt. Mitte der 1990er Jahre konnte Südkorea hohe Wachstumsraten von 8,6 Prozent (1994) und 9,0 Prozent (1995)
verzeichnen. Durch die Wirtschaftskrise 1997 wurde jedoch sehr schnell
deutlich, dass dieser Aufschwung hohen ausländischen Krediten der Großkonzerne geschuldet war (siehe hierzu Wirtschaftliche Entwicklung).

2.3.12 Kim Dae-jung (1998–2003)

Mit seinem Amtsantritt zum Präsidenten Ende 1997 stand Kim Dae-jung vor der übermächtigen Herausforderung, Korea aus der Asienkrise zu führen. Durch eine rasche Einleitung zahlreicher wirtschaftlicher Reformen verstand es dieser zweite, langjährige Oppositionspolitiker, den wirtschaftlichen Aufschwung einzuleiten, so dass sich die koreanische Wirtschaft von den Folgen der Asienkrise relativ rasch erholen konnte. Zudem gelang es ihm durch sein Ansehen bei den Linken, die aufbrechenden, sozialen Spannungen einzudämmen und die Bevölkerung für eine gemeinsame Kraftanstrengung zur Überwindung der Wirtschaftskrise zu mobilisieren.

Es gelang ihm zwar nicht, alle Strukturprobleme der südkoreanischen Wirtschaft zu lösen – angefangen vom international nicht wettbewerbsfähigen Bankensystem bis hin zur Verschuldung vieler Großkonzerne und ihrer Verflechtungen untereinander –, aber die Bemühungen seiner Regierung trugen bald Früchte, und das Land konnte in Rekordzeit die Auslandsschulden zuruckzahlen. Ende der 1990er Jahre betrug das Wirtschaftswachstum wieder annähernd 10 Prozent.

Das große Ziel seiner Amtszeit war die Annäherung an Nordkorea. Der Begriff „Sonnenscheinpolitik" bezeichnet treffend diese Zeit. Nach einer Fabel von Äsop gelingt es dem personifizierten Sonnenschein mit seinen warmen Strahlen, einen Wanderer dazu zu bewegen seinen Mantel abzulegen, nachdem es der Wind zuvor trotz aller Anstrengungen nicht vermochte. Übertragen auf die Politik sollten staatliche Anerkennung Nordkoreas und das Streben nach Sicherheit zu einer ersten wirtschaftlichen Öffnung führen. Die eingeleiteten Maßnahmen zur Förderung des Wirtschaftsaustauschs wurden unabhängig von politischen Vorgaben vorangetrieben. Gleichzeitig wurde jedoch die politische Wachsamkeit gegenüber einer möglichen Aggression Nordkoreas erhöht und keinerlei Duldung von bewaffneten oder sonstigen Provokationen zugelassen. Noch während seiner Amtszeit kam es zu einer kleinen Konjunktur in der Nord- und Südkoreanischen Wirtschaftsbeziehung. Dabei spielte der Gründer des Hyundai-Konzerns, Jeong Ju-yeong, eine entscheidende Rolle. Der ursprünglich aus Nordkorea stammende Jeong war treibende Kraft und brachte durch umfangreiche Vorleistungen und Geschenke den Norden dazu, große Investitionsprojekte anzugehen. Als erstes wurde ein Tourismus-Projekt initiiert, das es Südkoreanern und anderen Touristen ab Oktober 1998 ermöglichte, das nordkoreanische Naturschutzgebiet in den *Geumgang*-Bergen (Diamanten-Berge) zu besuchen. Da die Einreise über Land nicht möglich war, mussten die für den Tourismus freigegebenen Ziele auf Kreuzschiffen des Hyundai-Konzerns erreicht werden. Aufgrund des hohen Verlustgeschäftes übernahmen in den Folgejahren staatliche Auffanggesellschaften dieses innerkoreanische Tourismusprojekt.

Im Juni 2000 kam es durch die Bemühungen der koreanischen Regierung zu einem historischen Gipfeltreffen der beiden koreanischen Staatsführer in *Pyeongyang*. Dort vereinbarten beide Politiker weitere Schritte zur Annäherung; Programme zur Förderung von Familienbegegnungen, Wirtschaftskooperationen und des Kulturaustausches. Auf Ministerebene wurden in dieser Zeit konkrete Vereinbarungen getroffen und umgesetzt, wie bspw. die Wiederherstellung der Eisenbahnverbindungen zwischen Nord und Südkorea. Trotz der ständigen nuklearen Bedrohung aus dem Norden, hielt Südkorea an der Fortführung dieses wirtschaftlichen und kulturellen Austausches fest. Für seine „Sonnenscheinpolitik" und sein Lebenswerk erhielt Kim Dae-jung im Jahre 2000 den Friedensnobelpreis. Eine Ehre, die bis heute nur einem Koreaner zuteil wurde und Koreaner mit Stolz erfüllt. Getrübt wurden seine Erfolge am Ende seiner Amtszeit durch Korruptionsaffären, in die zwei seiner Söhne verwickelt waren. Zudem wurde im Nachhinein bekannt, dass das hochgelobte innerkoreanische Gipfeltreffen im Jahr 2000 teuer erkauft worden war. Den heiklen Geldtransfer in den Norden hatte damals der Hyundai-Konzern übernommen. Hierfür musste sich Kim Dae-jung öffentlich entschuldigen. Auch nach seiner Amtszeit engagierte er sich weiterhin für die Fortführung seiner Nordkorea-Politik.

2.3.13   Roh Moo-hyun (2003–2008)

Nachfolger Kim Dae-jungs wurde Roh Moo-hyun, ein ehemaliger Anwalt für Menschenrechte. Er gehörte der gleichen Partei an wie sein Vorgänger Kim und galt als Vertreter des Reformflügels. Unter den Präsidentschaftskandidaten setzte er sich gegen den konservativen Vertreter durch. Seine Präsidentschaftswahl verdankte Roh zum Teil auch der Tatsache, dass im Jahr 2002 die Stimmen erstmals Online abgegeben werden durften. Korea

gehört zu den Ländern mit der höchsten Verbreitung des Internets. So verfügten im Jahre 2002 bereits etwa 70 Prozent der koreanischen Haushalte
über einen Highspeed-Internet Anschluss. Zudem gibt es zahlreiche Internetcafes, die sogenannten *PC-Bang*. Besonders die Wahlbeteiligung unter
den jüngeren Wählern war 2002 sehr hoch.

Die vielfältigen und hochgesteckten Ziele seiner Amtszeit sahen die Dezentralisierung des Landes und die Reformierung des Arbeitsmarktes vor. Weiterhin die Errichtung einer freien und fairen Marktwirtschaft und die Stärkung der mittelständischen und kleinen Betriebe (KMU). Ein Fokus seiner
Wirtschaftspolitik, den Wirtschaftsstandort Korea für Auslandsinvestitionen
attraktiver zu machen, suchte er durch das sogenannte Hub-Modell zu verwirklichen. Unter Hubs versteht man die Etablierung freier Wirtschaftzonen,
die sich räumlich in unmittelbarer Nähe von See-, Binnen- und Flughäfen
befinden. Diese Zonen sollen Anbieter für Logistik- und Finanzdienstleistungen sowie andere Hightech-Industrien anziehen und als Drehscheibe für
den ost- und südostasiatischen Raum fungieren.

In einigen der oben genannten Bereiche konnte Roh erste Teilerfolge erzielen. So führte die Staatsanwaltschaft während seiner Amtszeit spektakuläre
Ermittlungsverfahren gegen die Eigentümer großer Konzerne wie Samsung,
Hyundai, Doosan und Daewoo sowie deren Familienmitglieder. Die wegen
Unterschlagung, Steuerhinterziehung und Bestechung angeklagten Mitglieder der Wirtschaftselite erhielten zum Teil langjährige Haftstrafen. Es wurden zahlreiche freie Wirtschaftszonen errichtet, aber das Drehscheibenmodell blieb nur im Logistikbereich erfolgreich.

Aufgrund seiner erklärten Ziele hatte Roh Moo-hyun von Anfang an die
Wirtschaftselite und die großen Zeitungen gegen sich. Viele Regierungsvorhaben scheiterten auch an der fehlenden Unterstützung durch die Gewerkschaften, so dass die dringend benötigte Arbeitsmarktreform nicht umgesetzt werden konnte. Auch der vergebliche Versuch der Regierung, die
Hauptstadt nach *Yongin-gun*, 100 Km südlich von *Seoul* zu verlegen, scheiterte am Widerstand der Wirtschaftselite. Sie klagten gegen das Vorhaben und
bekamen vor dem obersten koreanischen Gerichtshof Recht, der die Verlegung für verfassungswidrig erklärte. Das koreanische Parlament stimmte am
19. April 2006 der Ernennung von Han Myung-sook zur Ministerpräsidentin

zu. Damit nahm in Korea zum ersten Mal in der 58-jährigen Verfassungsge-
schichte eine Frau den Posten des Ministerpräsidenten ein. Unter der Regierung von Roh Moo-hyun stieg der Frauenanteil in der Politik erheblich an.

2.3.14   Lee Myung-bak (seit 2008)

Aus den Präsidentschaftswahlen im Dezember 2007 ging der Kandidat Lee
Myung-bak der GNP (Grand National Party) mit 48 Prozent der abgegebenen Stimmen als Sieger hervor. Von 1977 bis 1992 war er Angestellter bei
verschiedenen Unternehmen der Hyundai Gruppe. Zuletzt hatte er den Posten des Vorstandsvorsitzenden der Hyundai Construction & Engineering
inne, bevor er in die Politik wechselte. Im Jahre 2002 kandidierte er erfolgreich für das Bürgermeisteramt von *Seoul*. Lee ist der erste Geschäftsmann in
der koreanischen Geschichte, der zum Präsidenten gewählt wurde. Dementsprechend legte er seine Schwerpunkte auf die Wirtschaftspolitik; die Schaffung eines unternehmerfreundlichen Umfeldes, Investitionsförderung von
Unternehmen und Schaffung neuer Arbeitsplätze. Die politische Ausrichtung seiner beiden Vorgänger gegenüber Nordkorea sollte gründlich überprüft werden. Lees Ziel, den „Frieden auf einer nuklearwaffenfreien koreanischen Halbinsel" zu verwirklichen, sollte nicht auf einseitige Vorleistungen Südkoreas beruhen. Die wirtschaftliche Zusammenarbeit beider koreanischer Staaten sollte vom Verzicht auf Atomwaffen der Nordkoreaner ab-
hängen. Humanitäre Hilfe für die notleidende nordkoreanische Bevölkerung
sollte jedoch unabhängig vom Fortschritt im Atomstreit erfolgen.

Nach Lees Wahl kühlten sich die Beziehungen zu Nordkorea Ende 2008
merklich ab. Nordkorea beschuldigte ihn, eine Anti-Nordkorea-Politik zu
betreiben. Die Hungerskatastrophe in Nordkorea dramatisierte die Lage
darüber hinaus. Die vom Süden geleistete Hilfslieferungen von Nahrungsmitteln erfolgten unter dem Gesichtspunkt der Bürde, die ein schnelles Kollabieren des Nordens für den Süden bedeuten würde. Lee Myung-bak genoss vor seiner Wahl den Ruf, Entscheidungen gründlich abzuwägen, sie
jedoch entschlossen und rigoros umzusetzen. Er galt als Pragmatiker und
die Wähler waren überzeugt, dass sein Stil zum Erfolg führen würde. Dementsprechend hohe Erwartungen wurden und werden mit seiner Person
verknüpft. Bereits wenige Monate nach Amtsantritt aber sanken seine Popu-

laritätswerte unter 20 Prozent. Gründe hierfür waren u. a. seine Wahl des umstrittenen Ministerpräsidenten Han Seung-soo, der nach langen Protesten der Bevölkerung im Juni 2008 bereits seinen Rücktritt anbot und die schwierigen Verhandlungen mit den USA über Rindfleischimporte. Im August 2008 sprach er eine Reihe von Begnadigungen aus. Darunter befanden sich viele Mitglieder der koreanischen Wirtschaftselite wie z.B. der Chef des Autokonzerns Hyundai und der Vorstandsvorsitzende des Hanwha-Konzerns. Ersterer war wegen Unterschlagung von 60 Millionen Euro und Steuerbetruges zu drei Jahren Gefängnis, Letzterer wegen Anstiftung zur Körperverletzung verurteilt worden. Lee rechtfertigte diese umstrittene Maßnahme mit der Begründung, dass der Schaden für die koreanische Wirtschaft größer sei, wenn die Firmenchefs im Gefängnis verblieben.

Der Umgang Lees mit der weltweiten globalen Finanzkrise schwankt zwischen Ignoranz und Appell zum Zusammenhalt. Noch im Oktober 2008 verneinte Lee, dass es in Korea eine Finanzkrise gäbe. Zugleich forderte er die Bevölkerung auf, in Zeiten der Krise zusammenzustehen:

> „Die Republik Korea hat eine schöne Gewohnheit: die Menschen tun sich zusammen, um die Schwierigkeiten zu überwinden. In der Welt ist das selten der Fall. Das koreanische Volk zeichnet sich aus durch die Bereitschaft, einander zu helfen und sich in einer Krisensituation fest zu vereinen. Jetzt ist die Zeit gekommen, unsere Anstrengungen und unsere Klugheit ein weiteres Mal zu bündeln."
> (Zitat aus: Korea heute, 28.10.2008)

Tatsächlich zählt diese Eigenschaft zu den koreanischen Grundtugenden. Ohne diese innere Verbundenheit hätte das koreanische Volk die mehr als 3.000 Mal in der Geschichte erfolgten Angriffe auf sein Land kaum überstehen und seine Selbstständigkeit behaupten können. Als Spielball großer Nationen – auch seiner geografischen Lage geschuldet – prägte sich ein stark national orientiertes Volk heraus, deren engagiertes Streben nach wirtschaftlichem Erfolg und Selbstbestimmung verständlich ist. Korea gehört zu den großen Volkswirtschaften in Asien und wird sich auch in Zukunft einen wichtigen Platz in der internationalen Gemeinschaft sichern.

2.3.15   Staatspräsidenten und die regionale Entwicklung

Die Region um *Seoul*, die Provinz *Gyeonggi-do* und die beiden Provinzen *Gyeongsang-do* (*Gyeongsangbuk-* und *Gyeongsangnam-do*) haben von der Industrialisierung Südkoreas seit 1960 besonders profitiert. Wie die folgende Tabelle zeigt, besteht ein Zusammenhang zwischen der Herkunft der Staatspräsidenten und der wirtschaftlichen Entwicklung dieser Regionen. Sechs von zehn der bisherigen Präsidenten stammen aus den beiden Provinzen *Gyeongsangbuk-do* und *Gyeongsangnam-do*. Vertreter aus den übrigen Regionen werfen den amtierenden Regierungen nach wie vor vor, ihre Heimatregionen bei der Wirtschaftsentwicklung zu bevorzugen und Eliten für politische und sonstige Ämter vor Ort zu rekrutieren. Die positive Entwicklung von *Gyeonggi-do* hat auch damit zu tun, dass dort die Metropole *Seoul* liegt.

Tab. 2.1: Koreanische Staatspräsidenten 1948 bis 2008

Name	Amtszeit	Geburtsort	Provinz
Rhee Syng-man	1948–1960	*Haeju*	*Hanghae-do*
Yun Bo-seon	1960–1962	*Asan*	*Chungcheongnam-do*
Park Chung-hee	1963–1979	*Gumi*	*Gyeongsangbuk-do*
Choi Kyu-hah	1979–1980	*Wonju*	*Gangwon-do*
Chun Doo-hwan	1980–1988	*Hapcheon*	*Gyeongsangnam-do*
Roh Tae-woo	1988–1993	*Daegu*	*Gyeongsangbuk-do*
Kim Young-sam	1993–1998	*Geoje*	*Gyeongsangnam-do*
Kim Dae-jung	1998–2003	*Haui-do* (Insel)	*Jeollanam-do*
Roh Moo-hyun	2003–2008	*Gimhae*	*Gyeongsangnam-do*
Lee Myung-bak	seit 2008	*Pohang* (ab 1945)[2]	*Gyeongsangbuk-do*

---

[2]   Lee Myung-bak wurde 1941 in *Osaka*, Japan geboren, wohin die Familie wegen Armut ausgewandert war. Nach dem Zweiten Weltkrieg zog die Familie zurück nach Korea in die Stadt *Pohang*.

Abb. 2: Provinzen Koreas

2.4 Das politische System Koreas

Korea ist eine präsidiale Republik mit einem Einkammerparlament. Der Präsident wird alle fünf Jahre für eine Amtszeit gewählt. Eine Wiederwahl ist nicht möglich. Die Nationalversammlung verfügt über 299 Sitze und wird alle vier Jahre gewählt.

Anders als in Europa haben die Parteien in Korea keine Vermittlerrolle zwischen Gesellschaft und Staat. Sie dienen eher führungswilligen Politikern als Instrument, um Stimmen für Wahlen zu mobilisieren. Sie sind demnach stark personenfokussiert und grenzen sich nicht durch Parteiprogramme und unterschiedliche politische Ziele voneinander ab. Sie werden von füh-

renden Funktionären je nach strategischen Überlegungen gegründet, aufgelöst oder umbenannt. Die durchschnittliche Lebensdauer einer Partei betrug
bis zum Jahre 2000 durchschnittlich 3,8 Jahre. Daher ist die Identifizierung
der Wähler mit einer Partei eher gering.

Folgende politische Parteien waren zum Zeitpunkt August 2008 in der Nationalversammlung vertreten (10 Sitze hatten unabhängige Vertreter inne):

Tab. 2.2: Politische Parteienlandschaft mit prozentualer Sitzverteilung in der Nationalversammlung

Parteien	koreanische Bezeichnung	Anzahl der Sitze (%)
Grand National Party	한나라당 *Hannara-dang*	170 (56,9)
Democratic Party	민주당 *Minju-dang*	84 (28,1)
Liberty Forward Party	자유선진당 *Jayu-Seonjin-dang*	18 (6,0)
Pro-Park Alliance	친박연대 *Chinbak-Yeondae*	8 (2,7)
Democratic Labor Party	민주노동당 *Minju-Nodong-dang*	5 (1,7)
Renewal of Korea Party	창조한국당 *Changjo-Hanguk-dang*	3 (1,0)
New Progressive Party	진보신당 *Jinbo-Sindang*	1 (0,3)

2.5 Koreanische Beziehungen zu den USA und Nachbarstaaten

2.5.1 Korea und die USA

Die Beziehungen zu den USA sind in der Wahrnehmung der Koreaner maß-
geblich militärisch geprägt. Seit Ende des Koreakrieges sind US-Truppen in
Südkorea stationiert. Das Truppenkontingent wurde in den letzten Jahrzehnten stetig reduziert; von über 48.000 auf 24.500 Soldaten (Ende 2008). Dieses
militärische Bündnis ist nach wie vor für beide Länder wichtig. Für Amerika
ist der langjährige Bündnispartner geopolitisch wichtig für die Region A-

sien-Pazifik. Für Korea bedeutet es die Sicherung der innerkoreanischen Grenzen. Im Kriegsfall hat das US-Militär den Oberbefehl über die Mehrheit der koreanischen Truppen, also einen eher vormundschaftlichen Charakter. Präsident Roh Moo-hyun suchte während seiner Amtszeit einen neuen Ansatz im Bündnis zu den USA. Dieser sollte eher auf Partnerschaft als auf Vormundschaft basieren. Der Versuch blieb erfolglos. *Seoul* wird erst im Jahre 2012 das vollständige Kommando über seine Einheiten, auch im militärischen Krisenfall, erhalten. Nordkorea betrachtet die Regierung im Süden als Marionette der Amerikaner und akzeptiert sie nicht als Verhandlungspartner in Fragen ihrer Atompolitik. Die Amerikaner sind ihrerseits nicht bereit, auf bilateraler Basis mit Nordkorea zu verhandeln und verwehren ihnen den Status eines gleichberechtigten Partners.

Der amtierende Präsident Lee Myung-bak unterstützt eine amerikanische Verbindung in allen militärischen und wirtschaftlichen Punkten. Das Abkommen über US-Fleischimporte aus dem Sommer 2008 war jedoch Anlass für monatelange Proteste der Bevölkerung, an denen sich Zehntausende Koreaner beteiligten. Sie waren gegen die Importe von möglicherweise BSE-verseuchten Tieren aus den USA. Auch der Reismarkt ist von Importen aus den USA bedroht. Demonstrationen gegen diese wirtschaftliche Gefügigkeit gegenüber dem Bündnispartner werden genutzt, um eine antiamerikanische Stimmung zu verbreiten. Die USA gehören zu den wichtigsten Handelspartnern Südkoreas. 2007 nahmen die USA beim Export den zweiten und beim Import den dritten Platz der wichtigsten Handelspartner Koreas ein.

Die Einstellung der Südkoreaner gegenüber den USA ist in der Bevölkerung zweigeteilt. Die ältere Generation, die den Koreakrieg miterlebt hat und in ihnen den Befreier ihres Landes vom Kommunismus sieht, stehen dem Bündnispartner nach wie vor positiv gegenüber. Die USA sind Schutzpatron und Wirtschaftshelfer des letzten halben Jahrhunderts. Die jüngere Generation vertritt eine andere, kritischere Meinung gegenüber der „Besatzungsmacht". Sie führen an, dass die USA im Jahre 1905 Japan den Weg zur Kolonialisierung Koreas öffnete, um ihre eigenen Interessen auf den Philippinen zu sichern. Zudem erfolgte die Teilung des Landes nach dem Zweiten Weltkrieg durch einen Vorschlag der USA an die Sowjetunion, um den alleinigen sowjetrussischen Einfluss auf der koreanischen Halbinsel zu verhindern.

Ferner wird den USA zur Last gelegt, dass sie trotz ihrer Einflussmöglichkeiten auf die südkoreanische Regierung die jahrzehntelange Militärdiktatur und die damit verbundenen antidemokratischen Repressalien gegen die koreanische Bevölkerung akzeptiert und damit befürwortet haben. Ihre passive Rolle bei dem historisch brisanten *Gwangju*-Aufstand im Jahr 1980 wird als besonders negativ angesehen.

Die stationierten Amerikaner, die amerikanischen Medien und nicht zuletzt die Auslandskoreaner die in den USA leben, haben zur Amerikanisierung des Landes beigetragen. In Korea kann man die amerikanischen Einflüsse weder übersehen noch überhören. Geschäfte wie Starbucks Cafes, Baskin-Robinson Eiscafes und vor allem die amerikanischen Schnellrestaurantketten prägen wie im Westen die koreanischen Innenstädte. Besonders der Einzug des englischen Vokabulars in die koreanische Sprache ist enorm. Da sie häufig mit koreanischem Akzent ausgesprochen und in koreanischer Schrift transkribiert werden, erkennt man sie als Ausländer nicht auf Anhieb. Die Anzahl dieser Anglizismen steigt jedoch weiterhin stetig und durchsetzt die Sprache.

2.5.2   Korea und Japan

Das Verhältnis zu Japan ist nach wie vor als schlecht zu bezeichnen. Die japanische Kolonialzeit wird von der Mehrheit der Koreaner als das dunkelste Kapitel ihrer Geschichte angesehen. Das Leid, dass Koreaner durch Japaner erfahren haben, betraf beinahe alle Familien. Erklärtes Ziel der Koreaner ist es daher, dass sich so eine Situation in Zukunft nie wieder ergeben darf. Die Ressentiments gegenüber Japan und alles was japanisch ist, werden gepflegt und von Generation zu Generation weitergegeben. So ist das negative Gefühl gegenüber Japan Generationen übergreifend und beeinflusst das Denken und Handeln der jüngeren Koreaner ebenso wie derjenigen, die die Kolonialzeit am eigenen Leib erfahren haben. Das Motto der Koreaner in allen Lebenslagen lautet: „Japaner einholen und überholen". Koreaner vergleichen sich in jeder Situation mit Japanern; Sport, Wirtschaft, Politik, Kultur, Lebensstil. So glücklich man über den Umstand war, die Fußballweltmeisterschaft zusammen mit Japan nach Südkorea zu holen; es war während der Meisterschaft nichts so wichtig, wie eine bessere Platzierung gegenüber

Japan zu erreichen und sich somit vor der Weltgemeinschaft in einem besseren Licht zu präsentieren. Auch heute fühlen sich Koreaner durch Japan regelmäßig provoziert; Japan stellt die Zeit der Kolonialisierung in den Schulgeschichtsbüchern als japanische Entwicklungshilfe zur Zivilisierung Koreas dar. Führende japanische Politiker besuchen den *Yasukuni*-Schrein, um ehemalige Kriegsopfer zu ehren. Unter den Toten, die dort verehrt werden, sind international verurteile Kriegsverbrecher, von denen sich japanische Politiker nicht distanzieren. Nach wie vor verweigert man den wenigen noch lebenden „Trostfrauen" eine offizielle Entschuldigung und finanzielle Wiedergutmachung. Der andauernde Streit um die Bezeichnung des Meeres zwischen Korea und Japan (koreanisch: Das östliche Meer, japanisch: Japanisches Meer) und um die kleine Insel *Dokdo*, die sich zwischen beiden Ländern befindet, tragen ebenfalls nicht zur Verbesserung der bilateralen Beziehung bei. Besonders der Streit um die Insel *Dokdo* berührt die Emotionen der Koreaner.

Die Beziehung zu Japan spiegelt jedoch auch den Pragmatismus der Koreaner wider. Auch wenn Japan als Feind gesehen wird, spricht nichts gegen eine wirtschaftliche Zusammenarbeit, solange Korea dabei gewinnen kann. Der ehemalige Staatspräsident Park Chung-hee, der in Japan studiert hatte, erkannte schnell, dass für die wirtschaftliche Entwicklung Koreas die Zusammenarbeit mit Japan unerlässlich war. Gegen große Widerstände im Land setzte er durch, dass 1965 die diplomatischen Beziehung zu Japan wiederaufgenommen wurden. Mit japanischer Wirtschaftshilfe wurden zahlreiche Gemeinschaftsprojekte finanziert. Die koreanische Wirtschaft profitierte hiervon. Inzwischen haben koreanische Firmen, vor allem im Hightech Segment wie bspw. der LCD- und Flachbildschirm-Produktion, ihre japanischen Konkurrenten hinter sich gelassen. Auf diesen Vorsprung sind Koreaner zwar sehr stolz, nach wie vor ist Korea jedoch technologisch von Japan stark abhängig.

Japan ist einer der drei wichtigsten Handelspartner Koreas. Im Export liegt Japan auf dem dritten Platz, im Import ist Japan der zweitwichtigste Handelspartner (Stand 2008).

2.5.3   Korea und die Volksrepublik China

Seit der Wiederaufnahme diplomatischer Beziehungen zur VR China im Jahre 1992 hat sich China zum wichtigsten Handelspartner entwickelt. Verglichen mit anderen Partnerländern ist das Handelsvolumen von 145 Mrd. USD (2007) beachtlich. Im Umgang mit dem kommunistischen Nachbarn zeigt sich Korea pragmatisch. Diplomatische Beziehungen zu einem ideologischen Feind aufzubauen, und somit langfristig die eigene wirtschaftliche Entwicklung zu sichern, stellt für Koreaner kein Widerspruch dar. Für Koreaner war es ersichtlich, dass China nach der Öffnung des Landes langfristig nicht nur in Asien, sondern auch weltweit wirtschaftlich und politisch eine wichtige Rolle einnehmen wird. Für ein so kleines Land wie Südkorea ist es wichtig, sich frühzeitig auf solch globale Veränderungen einzustellen. Korea ist einer der größten Auslandsinvestoren Chinas. Die Öffnung des Nachbarlandes und die Verlagerung von Produktionsstätten dorthin bedeutet auch für Korea den Verlust vieler Arbeitsplätze. Wie andere asiatische Länder betrifft dies vor allem die lohnkostenintensiven Produktionsbereiche. Diese Tatsache zwingt Korea zu einer Umorientierung und Verlagerung seines wirtschaftlichen Fokus in die Know-how-intensiven Bereiche, um den technischen Vorsprung gegenüber China für die nächste Zeit zu sichern.

Auf politischer Ebene ist China, aufgrund seiner Einflussmöglichkeiten auf den Bruderstaat Nordkorea, äußerst wichtig für Südkorea. Als beinahe letzter Verbündeter des Regimes in *Pyeongyang* ist nur China in der Lage, die Versorgung des Landes aufrechtzuerhalten und ein Kollabieren zu verhindern. An einem Zusammenbruch Nordkoreas ist China genau so wenig interessiert wie Südkorea. Im koreanisch-chinesischen Grenzgebiet leben bereits zahlreiche nordkoreanische Flüchtlinge illegal in China. Flüchtlingswellen aufgrund der katastrophalen Zustände in Nordkorea gilt es zu vermeiden. Südkorea hofft zudem auf Chinas Einfluss bei der Eindämmung der nordkoreanischen Ambitionen zur Herstellung von Atomwaffen. Eine weitere Hoffnung besteht darin, Nordkorea möge vom chinesischen Modell „ein Land, zwei Systeme" lernen und das Land für mehr ausländische Investitionen öffnen.

Südkorea hatte 1992 die bestehende diplomatische Beziehung zu Taiwan zugunsten Chinas aufgegeben. VR China betrachtet Taiwan als eine abtrünnige Provinz und als festen Bestandteil Chinas. Daher akzeptiert sie die Souveränität Taiwans nicht. Erwartungsgemäß reagierte Taiwan verärgert darauf und die Beziehung zu Südkorea verschlechterte sich. Inzwischen hat sich die Lage normalisiert.

2.5.4   Korea und Russland

In Zeiten des Kalten Krieges war Russland eine wichtige Schutzmacht Nordkoreas und unterhielt keinerlei diplomatische Beziehungen zu Südkorea. Dies änderte sich mit der Ära Gorbatschows. Die diplomatischen Beziehungen zwischen Südkorea und Russland wurden 1990 wieder aufgenommen. Südkorea gewährte dafür Kredite in Höhe von 3 Milliarden US$ und Russland erhoffte sich durch die Mithilfe südkoreanischer Investitionen seinen Fernen Osten und Sibirien weiterzuentwickeln. Die russische Unterstützung Nordkoreas nahm parallel zu dieser Entwicklung ab und 1998 wurde die Beistandsverpflichtung aus dem sowjetisch-nordkoreanischen Vertrag von 1961 nicht mehr erneuert. Seit 1993 bemüht sich jedoch die russische Regierung um eine ausgeglichene Beziehung zu beiden koreanischen Staaten. Bereits während der ersten nordkoreanischen Nuklearkrise (1993/94) schloss sich Russland der Forderung nach einer Denuklearisierung Nordkoreas an, war aber weder Mitglied von KEDO (Korean Peninsula Energy Development Organization) noch schlossen sie sich den Vier-Parteien-Gesprächen an, an denen die beiden Koreas, China sowie die USA beteiligt waren. An den Sechs-Parteien-Gespräche, die seit der zweiten Nuklearkrise stattfinden, nehmen Russland und Japan regelmäßig teil.

KEDO

Die Internationale Atomenergiebehörde (IAEA) äußerte 1992 nach Inspektionen den Verdacht, dass Nordkorea gegen den Atomaren Nichtverbreitungsvertrag verstoße. Nordkorea verweigerte daraufhin weitere Inspektionen, kündigte den Austritt aus dem Vertrag und drohte mit nuklearen Militärschlägen. Daraufhin verstärkten die USA ihre Truppen vor Ort massiv. Nach langen Verhandlungen konnte im Oktober 1994 die Unterzeichnung des Agreed Framework between the United States of America and the Democratic People's Republic of Korea (AF) realisiert werden. Darin wurden folgende Abkommen festgelegt:

1. Die USA verpflichten sich zur Gründung eines internationalen Konsortiums (KEDO, Korean Peninsula Energy Development Organization). KEDO soll bis zum Jahr 2003 zwei Leichtwasserreaktoren (LWR) in Nordkorea bauen, um Nordkoreas gravierendes Energiedefizit zu beheben. (Zum Verständnis: In LWR fällt weniger atomwaffenfähiges Plutonium an als in dem vorhandenen Graphit-Reaktor in Yongbyeon). Bis zur Fertigstellung liefert Amerika jährlich 500.000 Tonnen Heizöl. Der Reaktor in Yongbyeon muß abgeschaltet, Inspektionen müssen erlaubt werden. Außerdem sollen die ca. 8.000 Brennstäbe sicher „verpackt" außer Landes gebracht werden.

2. Zwischen 2000 und 2003 müssen alle Standorte, an denen Nuklearforschungen betrieben werden, beziehungsweise welche möglicherweise als Versteck gedient haben könnten (diese Standorte wurden in einem geheimen Zusatzprotokoll festgelegt), für umfassende Inspektionen der IAEA geöffnet werden. Danach darf Nordkorea keinerlei Infrastruktur zur Plutoniumproduktion mehr betreiben.

3. Beide Staaten normalisieren ihre diplomatischen Beziehungen sowie die beidseitigen Handelsbeziehungen. Die USA verpflichten sich, nicht mehr mit dem Einsatz von Atomwaffen gegen Nordkorea zu drohen. Nordkorea verpflicht sich, Mitglied des NPT zu bleiben und das Inspektionsabkommen mit der IAEA zu implementieren.[3]

---

[3]   Zitiert aus: *Die Sicherheitspolitischen Entwicklungen auf der koreanischen Halbinsel seit dem Ende des Kalten Krieges* von Ulla Jasper http:// www.weltpolitik.net.

2.5.5   Nord- und Südkorea

Nach dem zweiten Weltkrieg und der japanischen Kapitulation wurde Korea von Russen und Amerikanern entlang dem 38. Breitengrad geteilt. Diese Teilung stellt ein großes Unrecht in der Weltgeschichte dar. Denn Korea war, anders als Deutschland, kein Aggressorland des Zweiten Weltkrieges, sondern gehörte zu den Opfernationen. Dieses historische Beispiel zeigt symptomatisch, wie sehr die koreanische Halbinsel im Machtkampf großer Nationen als Spielball geopolitischer Interessen instrumentalisiert wird.

Die offizielle Gründung beider Staaten, „die Republik Südkorea" und „die Demokratische Volksrepublik Nordkorea" im Jahre 1948, besiegelte die bis heute andauernde Teilung. Die Regierungen beider Staaten haben sich nie gegenseitig anerkannt. Beide verstehen sich als einzig legitimierte Führung ganz Koreas und streben eine Wiedervereinigung unter ihrer Führung an. In den letzten Jahrzehnten kam es immer wieder zu Grenzüberfällen, die von beiden Seiten ausgingen. Mit der Zustimmung von Stalin und Mao Ze-dong marschierte die nordkoreanische Armee am 25.06.1950 in den Süden ein (siehe hierzu die Geschichte Koreas). Der Bruderkrieg, der mehr als drei Millionen Opfer forderte, endete am 27. Juli 1953 mit einem Waffenstillstandsabkommen. De facto befinden sich die beiden koreanischen Staaten noch im Krieg, da bis zum heutigen Tag kein Friedensabkommen geschlossen wurde. Die innerkoreanische Grenze gilt heute als die bestbewachteste Grenze der Welt.

Das Ziel der Wiedervereinigung unter eigener Regie wurde von beiden koreanischen Staaten nach dem Koreakrieg nicht aufgegeben. Eine weitere militärische Auseinandersetzung zur Erreichung dieses Zieles erschien jedoch immer schwieriger. Südkorea ging bereits 1953 mit den USA ein Verteidigungsbündnis ein und in Nordkorea blieben die chinesischen Truppen bis 1958 im Land. Im Jahre 1961 schloss Nordkorea mit der VR China und der Sowjetunion einen militärischen Beistandspakt. Somit hätte ein weiterer Krieg auf der Halbinsel zwangsläufig zu einem „heißen Krieg" der Großmächte geführt. Nach Kriegsende konzentrierten sich die Führungen beider koreanischer Staaten zunächst auf die Festigung ihrer eigenen Herrschaft und auf den Wiederaufbau des Landes. Dabei erhielten beide Staaten massive wirtschaftliche und militärische Hilfe ihrer Verbündeten. Kim Il-sung konnte bis in die 1970er Jahre nicht nur seine Macht festigen, sondern auch wirtschaftlich das Land voranbringen. Sein großes Ziel blieb jedoch trotz großer Anstrengungen unerreicht: die Vereinigung der koreanischen Halbinsel unter kommunistischer Führung. Dabei agierte Kim auf mehreren Ebenen und schreckte auch vor Waffengewalt nicht zurück. Zum einen setzte er auf diplomatischen Austausch mit der ungeliebten Nachbarregierung. So bekräftigten im Juli 1972 beide Staaten in einer gemeinsamen Erklärung das Ziel, eine friedliche Wiedervereinigung zu erreichen. Vereinbart wurden Austausch und Kooperation in den Bereichen Wissenschaft und Technologie, Bildung, Literatur und Künste, Gesundheit, Sport, Umwelt, Journalismus und Medien. Ferner sollte die Eisenbahnverbindung wieder hergestellt und See- und Luftverkehrsrouten sowie Post- und Telekommunikationsverbindungen eröffnet werden. Ein Nord-Süd-Koordinationskomitee wurde für die Umsetzung dieser Ziele eingesetzt. Das Komitee traf bis 1973 mehrere Male zusammen. Dieser Annäherungsprozess wurde im Sommer 1973 jedoch einseitig vom Norden für beendet erklärt. Als Grund hierfür wurde die Entführung des südkoreanischen, linksgerichteten Oppositionspolitikers Kim Dae-jung durch KCIA-Agenten der südkoreanischen Regierung angegeben.

Kim Il-sung setzte nun auf eine Propaganda zur Delegitimierung des Südens und schreckte auch nicht vor terroristischen Anschlägen zurück, um die Führung des Südens zu schwächen. Am 09. Oktober 1983 verübte der nordkoreanische Geheimdienst bei einem Staatsbesuch des südkoreanischen Staatschefs General Chun Doo-hwan in Rangun (ehemals Birma, heute Myanmar) einen Sprengstoffanschlag, bei dem 18 Mitglieder seines Gefolges getötet wurden, während Chun überlebte. Am 29. November 1987 wurde ein Flugzeug der südkoreanischen Fluggesellschaft Korean Air über Birma abgeschossen. Dabei starben 115 Menschen. Neben diesen beiden Attentaten gab es noch zahlreiche andere Anschläge.

> „In der Demilitarisierten Zone selbst sowie ihrem Umfeld gab es zwischen dem Koreakrieg und den ersten Jahren des 21. Jh.s rund 1.400 Zwischenfälle, bei denen fast 900 Nord- und 400 Südkoreaner sowie 90 amerikanische Soldaten ums Leben kamen." (Patrick Köllner, Südkorea und Nordkorea, 2005, S. 288.)

Beide Staaten setzten unzählige Spione ein, um das gegnerische System zu unterwandern. Bis zum Beginn der 1990er-Jahre änderte sich wenig an der

Situation der beiden Staaten. Erst das Ende des kalten Krieges führte zur Wiederaufnahme von Gesprächen und Verhandlungen. Südkorea nahm nun diplomatische Beziehungen zu den ehemaligen Ostblockstaaten der Sowjetunion und der VR China auf. Daraufhin fand am 4. September 1990 ein erstes Treffen der Ministerpräsidenten beider koreanischer Staaten statt. Beide Staaten wurden im September 1991 in die Vereinten Nationen aufgenommen. Im Dezember 1991 unterschrieben beide koreanischen Staaten zwei Abkommen. Das Abkommen über Versöhnung, Nichtaggression, Austausch und Zusammenarbeit stellte die Wiederauflage des Abkommens von 1972 dar. Das zweite Abkommen sah eine atomwaffenfreie koreanische Halbinsel vor. Eine eingesetzte Kommission sollte die Einhaltung kontrollieren. Die Umsetzung beider Abkommen ließ jedoch zu wünschen übrig. Insbesondere das zweite Abkommen stieß bei der Umsetzung auf den Widerwillen der Nordkoreaner. Das Plutoniumprogramm, dessen Realisierung der Norden weiter verfolgte, belastete die Beziehungen zusehends. Ende 1992 gab es jedoch Hoffnung auf eine Verbesserung der Beziehungen. Ein Gipfeltreffen wurde für 1994 zwischen Kim Il-sung und dem damaligen Präsidenten Kim Young-sam (1993–1998) vereinbart. Kim Il-sung verstarb im selben Jahr und das Treffen konnte nicht mehr stattfinden. Bis zum Ende der Amtszeit Kim Young-sams verschlechterten sich die Beziehungen wiederum, da der südkoreanische Präsident sich geweigert hatte zum Tode des „Großen Führers" zu kondolieren.

Zuvor im Jahre 1993 gab es erste Hinweise, dass Nordkorea in *Yeongbyeon* (*Yongbyeon*), im Nordosten des Landes, Nuklearanlagen betreibt, die auf ein Kernwaffen-Programm hindeuteten. Der Generaldirektor der Internationalen Atomenergieorganisation (IAEO), Hans Blix, präsentierte Fotos amerikanischer Spionagesatelliten. Sein Verdacht wurde durch die Ergebnisse von IAEO-Inspektionen in Nordkorea untermauert. Nordkorea lehnte die Forderung nach Sonderinspektionen zwecks Ausräumung des Verdachtes ab und erklärte seinen Austritt aus der IAEO. Die Krise weitete sich aus. Ein Gespräch zwischen dem Ex-US-Präsidenten Jimmy Carter, der ausdrücklich als Privatmann nach *Pyeongyang* reiste, und Kim Il-sung entspannte die Lage. Es wurde vereinbart, dass Nordkorea in den Atomwaffen-Sperrvertrag zurückkehrt und sein Kernwaffenprogramm aufgibt. Als Gegenleistung sollte Nordkorea zwei Leichtwasser-Reaktoren westlicher Bauart und die Liefe-

rung von schwerem Heizöl erhalten. Obwohl das nordkoreanische Staats-
oberhaupt Kim Il-sung wenige Tage nach diesem Übereinkommen verstarb,
konnten die Vereinbarungen in einem Abkommen umgesetzt werden, das
am 21. Oktober 1994 als das Genfer Rahmenabkommen unterzeichnet wurde. Die USA gründeten daraufhin mit Südkorea und Japan die Korean Peninsula Energy Development Organisation KEDO, die die Lieferung von
Schweröl und den Bau der beiden Leichtwasserreaktoren in Nordkorea finanzieren und abwickeln sollte. Einen großen Teil der Kosten trugen Südkorea und Japan.

Nach dreijähriger Trauerzeit trat 1997 der Sohn von Kim Il-sung, Kim Jong-
il, seine Nachfolge an. Er ist nicht nur der Generalsekretär der „Partei und
Arbeit Koreas", sondern als Vorsitzender der Nationalen Verteidigungs-
kommission auch Oberbefehlshaber des Militärs. Als Kim Dae-jung im Jahre
1997 zum Präsidenten gewählt wurde, begann eine neue Politik gegenüber
Nordkorea. Ein Zusammenbruch des Nordens lag nicht im Interesse Südkoreas. So versuchte Kim Dae-jung durch seine „Sonnenscheinpolitik" den
Norden aus seiner selbst gewählten Isolation zu locken und zu einer echten
Annäherung zu bewegen. Durch intensive wirtschaftliche, kulturelle und
andere Kontakte sollte ein Umfeld geschaffen werden, in dem der Norden
zu einer Kooperation anstatt Konfrontation bewegt werden sollte. Kim Dae-
jung setzte sich im Dialog mit den USA dafür ein, die bestehenden Sanktio-
nen gegenüber Nordkorea aufzuheben. Im eigenen Land unterstützte er
unter anderem aktiv Pläne des damaligen Vorsitzenden des Hyundai-
Konzerns, Jeong Ju-yeong, ein Touristen-Resort im nordkoreanischen Dia-
mantgebirge aufzubauen. Nach anfänglicher Skepsis ging der Norden im
Frühjahr 2000 auf den Süden zu. Im März garantierte Kim Dae-jung, *Seoul*
würde die nationale Sicherheit des Nordens garantieren, der dortigen Wirtschaft unter die Arme greifen und *Pyeongyang* aktiv in der internationalen
Arena unterstützen. Dafür erwartete der südkoreanische Staatspräsident
vom Norden die Einstellung militärischer Provokationen, die Einhaltung des
bereits geleisteten Versprechens, nicht an nuklearen Waffen zu arbeiten und
die Aufgabe der Entwicklung von Langstreckenraketen. Nach Geheimver-
handlungen fand vom 13. bis 15. Juni 2000 ein Gipfeltreffen zwischen den
beiden Staatsführern statt. In der gemeinsamen Erklärung wurden folgende
Punkte vereinbart. Erstens sollte die Wiedervereinigung ohne Einmischung

des Auslands erfolgen. Zweitens sollte die Wiedervereinigung auf Grundlage gemeinsamer Elemente in den verfassungsmäßigen Vereinigungsformeln beider Länder erreicht werden. Drittens sollten Familien zusammengeführt und politische Gefangene freigelassen werden. Viertens sollte die Zusammenarbeit, besonders auf wirtschaftlichem Gebiet, verstärkt werden. Schließlich und fünftens wurde eine Wiederaufnahme des offiziellen innerkoreanischen Dialogs beschlossen. Sportler beider Staaten Koreas marschierten gemeinsam zur Eröffnungsfeier der olympischen Spiele 2000 in Sydney ins Stadion ein und zeigten so symbolisch den Willen der Koreaner zur Wiedervereinigung.

Die Sonnenscheinpolitik wurde von vielen kritisch beurteilt. Nach Meinung von Kritikern wurden mit der Politik die ursprünglichen Ziele, dem Norden die Angst vor einer feindlichen Übernahme zu nehmen und ihn dadurch zur Kooperation zu bewegen, nicht erreicht. Südkorea hatte nach wie vor keinerlei Möglichkeiten auf Entscheidungen Nordkoreas Einfluss zu nehmen, wie etwa auf den sicherheitspolitischen Kurs des Landes. Der Norden trieb weiterhin seinen Atompoker und dem Süden fehlten Instrumente, um darauf entsprechend reagieren zu können. Daher nahm auch der Rückhalt der Bevölkerung im Süden für die Sonnenscheinpolitik ab. Sie hatten den Eindruck, dass ihre Politiker zu nachsichtig und erpressbar gegenüber dem Fehlverhalten der nordkoreanischen Führung waren.

Wichtigstes Ziel blieb daher die Stabilisierung des Regimes. Die Bemühungen Südkoreas mit der Stabilisierung des Regimes auch einen inneren Wandel im Norden anzustoßen, wurden durch eine Aussage der Regierung Bush Anfang 2002 erschwert. Bush hatte Nordkorea auf die „Achse des Bösen" gesetzt, d.h. Nordkoreas Führung als ein Regime bezeichnet, das Raketen und Massenvernichtungswaffen aufrüstet, während es seine Bürger verhungern lässt.

Präsident Roh Moo-hyun, der im Februar 2003 sein Amt antrat, setzte die Annäherungspolitik fort und nannte sie offiziell „Politik für Frieden und Wohlstand". Roh sagte mehr Transparenz, mehr Reziprotät und eine Einbindung der Opposition zu. Während seiner Amtszeit wurde, wie auf dem historischen Gipfel vom Juni 2000 zwischen seinem Vorgänger und der nordkoreanischen Führung beschlossen, ein Industriepark in *Gaesong* aufgebaut. *Gaesong*, die ehemalige Hauptstadt Koreas vom 10. bis zum 14. Jh., liegt 12 Kilometer nördlich der demilitarisierten Zone. In *Gaesong* sollten Arbeitskräfte aus dem Norden und die Technologie des Südens zusammengeführt werden, um die nordkoreanischen Bemühungen um wirtschaftliche Reformen zu unterstützen. Beide Seiten vereinbarten für die nordkoreanischen Arbeiter einen Grundlohn von umgerechnet 50 US$ pro Monat plus 15 Prozent Sozialversicherung. Ein Lohn, der siebenmal günstiger war als der Mindestlohn im Süden und halb so hoch wie der in China.

Bei seinem Amtsantritt im Frühjahr 2008 kündigte der derzeitige südkoreanische Ministerpräsident Lee Myung-bak eine neue Politik gegenüber dem Norden an. Die einseitigen Vorleistungen Südkoreas sollten durch eine wirtschaftliche Zusammenarbeit ersetzt werden, die vom Verzicht auf Atomwaffen der Nordkoreaner abhinge. Die innerkoreanische Beziehung kühlte sich daraufhin merklich ab. Durch weitere Zwischenfälle in der Folgezeit verschärfte sich die Situation bis zum gegenwärtigen Zeitpunkt. Im Juli 2008 wurde eine südkoreanische Urlauberin im nordkoreanischen Geumgang-Gebirge von einem nordkoreanischen Soldaten erschossen. Eine Entschuldigung erfolgte nicht. Das innerkoreanische Reiseprogramm, das im November 1998 begonnen hatte, wurde bis auf weiteres eingestellt. Im Oktober ließen südkoreanische Menschenrechtsorganisationen Flugblätter mit kritischem Inhalt über der Grenze abwerfen. Dies wurde als eine Provokation der südkoreanischen Regierung angesehen.

Die innerkoreanischen Auseinandersetzungen haben mittlerweile auch das Vorzeigeprojekt *Gaesong* zum Thema. Nordkorea forderte nach der Flugblattaktion den Süden auf, die Zahl der Mitarbeiter in *Gaesong* zu reduzieren. Im Januar 2009 erklärte Nordkorea das Grundlagenabkommen aus dem Jahr 1991, das den Nichtangriff und die Aussöhnung vorsieht, für nichtig. Im Mai 2009 spitzten sich die Auseinandersetzungen abermals zu und Nordkorea erklärte die Vereinbarungen zum *Gaesong* Projekt für nichtig. Ein Mitarbeiter von Hyundai *Asan* wurde in *Gaesong* verhaftet, weil er das Regime in *Pyeongyang* kritisiert haben soll. Die Fronten sind seit Mai verhärtet. Eine Annäherung der beiden Staaten auf wirtschaftlicher und politischer Ebene ist in weite Ferne gerückt.

Herausforderung der Wiedervereinigung

Nach der Erfahrung der deutschen Wiedervereinigung und auch der Finanzkrise von 1997/98 blicken Koreaner mit Sorge auf die Möglichkeit einer Wiedervereinigung mit dem Norden. Anders als in Deutschland würde eine schnelle Wiedervereinigung den Süden in eine tiefe wirtschaftliche Krise stürzen. Kim Dae-jung hatte dies erkannt und sah die Hilfeleistungen an den Norden als vorausschauende Investition an, um die Kosten der künftigen Vereinigung zu reduzieren. Neben dem Kostenfaktor gibt es aber weitere Schwierigkeiten, die eine Wiedervereinigung im Vergleich zu Deutschland erschweren. Kamen in Deutschland auf jeden Ostdeutschen drei Westdeutsche, so liegt das Zahlenverhältnis im koreanischen Fall bei 1 zu 2: ein Nordkoreaner auf zwei Südkoreaner. Die finanzielle Bürde des Staates, umgerechnet auf jeden südkoreanischen Bürger wäre höher und nicht verkraftbar. Zudem ist das reale Wohlfahrtsgefälle zwischen den beiden koreanischen Staaten größer als im damaligen Deutschland. Auch muss davon ausgegangen werden, dass ein noch größerer Teil der nordkoreanischen Infrastruktur und Industrie neu aufgebaut werden muss. Die möglichen Migrationsbewegungen armer Nordkoreaner in den reichen Süden würde der Süden nur schwer oder gar nicht verkraften. Besonders die Metropole *Seoul*, die nahe der Grenze liegt, wäre durch die Einwanderungen überfordert. Fraglich ist auch, wie Nordkoreaner, die so lange unter starker Abschottung gelebt haben, das kapitalistische System des Südens verkraften würden. Die militärische Demobilisierung und Eingliederung von insgesamt 1,8 Millionen Männern und Frauen in die zivile Gesellschaft (1,1 Million im Norden und 650.000 im Süden, die zur Zeit Dienst an der Waffen leisten), stellt eine der größten Herausforderungen der Wiedervereinigung dar.

2.6 Wirtschaftliche Entwicklung

Korea gehörte nach dem Koreakrieg zu den ärmsten Ländern der Welt. Inzwischen ist das Land zu einer der wichtigsten Industrienationen aufgestiegen und erzielte 2007 ein Pro-Kopf-Einkommen von über 20.000 US$. In den

Bereichen Infrastruktur, Schiffbau, Stahlerzeugung, Automobil und Elektronikindustrie gehört das Land zu den führenden Nationen in der Welt. Diese
erfolgreiche wirtschaftliche Entwicklung wird in Korea gerne als das „Wunder vom Han-Fluss" bezeichnet. Dabei wissen nur wenige Deutsche, dass
dieser Begriff in Anlehnung an das „Wunder vom Rhein" entstanden ist.
Koreaner haben einen großen Respekt vor den Deutschen, die nach dem
Zweiten Weltkrieg schnell den Wiederaufbau des Landes geschafft haben
und sie sind stolz darauf, dass sie etwas Ähnliches vollbracht haben.

Nach dem Koreakrieg (1950–1953) wurde das Land geteilt und Südkorea
stand vor dem Nichts. Die wenigen Industrieanlagen, die vor dem Krieg im
südlichen Teil des Landes existiert hatten, waren zum größten Teil zerstört
worden. Im Rahmen der Wirtschaftsentwicklung legte der erste Präsident
Rhee Syng-man seine Schwerpunkte auf den Aufbau von Infrastruktur und
Leichtindustrie sowie die Produktion von Zement, Textilien und Kunstdün-
ger. Die finanziellen Schwierigkeiten wurden durch massive amerikanische
Hilfeleistung aufgefangen. 70 Prozent der Importe finanzierte Korea über
Auslandshilfe. Eingeführt wurden Nahrungsmittel, die den kurzfristigen
Bedarf abdeckten. Eine staatlich kontrollierte Niedrigzinspolitik erleichterte
Investitionen und half eine zielgerichtete Förderung einzelner Industrie-
zweige. Diese Günstlingswirtschaft führte zu wachsender Unzufriedenheit
in der Bevölkerung.

2.6.1   Die 1960er Jahre

Das ursprüngliche Vorhaben von Präsident Park Chung-hee, der 1961 durch
einen Militärputsch an die Macht kam, war es, die Selbstversorgung des
Landes sicher zu stellen und die Günstlingswirtschaft abzuschaffen. Er erkannte aber sehr bald, dass für eine Binnenorientierung das Kapital fehlte
und, dass er die Elite und deren Know-how für den wirtschaftlichen Aufbau
benötigte. Nach dem Vorbild des japanischen MITI (Ministry of International Trade and Industry) schuf er das Economic Planing Board, ein zentrales
Planungskomitee, das Pläne für die Wirtschaftsentwicklung entwarf. Die
fünfjährigen Entwicklungspläne dienten der Regierung als wirtschaftspoliti-
sches Instrument, um ordnungspolitische und legale Rahmen für die ökonomische Entwicklung zu definieren. Damit konnten die angestrebten Ziele

und eine effizientere Ressourcenallokation erreicht werden. Um die Wirtschaft auch besser durch Kreditvergabe lenken zu können, verstaatlichte die Regierung die Banken. Der Schwerpunkt des ersten Fünfjahresplanes (1962–1966) lag auf dem Ausbau der Infrastruktur, der Energieversorgung und des Bildungswesens. Zudem wurden Anstrengungen unternommen, um die Leichtindustrie sowie die Textil-, Leder- und holzverarbeitende Industrie wieder aufzubauen. Hier konnte man mit wenig Kapital viele Arbeitsplätze schaffen. Im Zeitraum des ersten Fünfjahresplans erreichte man bereits ein durchschnittliches Wachstum von 7,9 Prozent. Ab dem Jahr 1964 wurde der Markt konsequent für das Ausland geöffnet, um auf das ausländische Kapital zugreifen zu können und die Regierung arbeitete mit der wirtschaftlichen Elite verstärkt zusammen. Dabei behielt die Regierung klare Führungsaufgaben und -instrumente und richtete strikte Vorgaben an die Wirtschaft. Jährlich wurden auf Branchenbasis Exportziele aufgestellt und ihre Einhaltung streng überwacht. Um den Export der arbeitsintensiven Produkte der Leichtindustrie zu fördern, gründete man die „Korea Trade Promotion Corporation" (KOTRA). Seitdem unterstützt die KOTRA über ein internationales Netzwerk das Exportmarketing koreanischer Firmen.

Der zweite Fünfjahresplan (1967–1971) sah die Fertigstellung wichtiger Infrastrukturprojekte sowie den Ausbau des industriellen Sektors vor. Ferner sollte die Selbstversorgung des Staates mit Grundnahrungsmitteln gesichert und das Einkommen im Agrarsektor erhöht werden. Weiterhin wurden Maßnahmen zur Reduzierung des Bevölkerungswachstums beschlossen. Dies war auf den Umstand zurückzuführen, dass das wirtschaftliche Wachstum durch eine parallel stark anhaltende Bevölkerungszunahme neutralisiert wurde. Während dieser Zeit wurden auch die arbeitsintensiven Produktionsbereiche, wie die Elektro- und Nahrungsmitelindustrie, das Kunststoff verarbeitende Gewerbe und der Bereich der Feinmechanik aufgebaut. Die durchschnittliche Wachstumsrate erhöhte sich in dieser Zeit auf 9,7 Prozent.

2.6.2 Die 1970er Jahre

In den 1970er Jahren verlagerte die Regierung ihre wirtschaftliche Förderung von der Leicht- auf die Schwerindustrie sowie die chemische Industrie.

Grund hierfür waren zunehmende Erschwernisse im Export aufgrund von internationalen Handelsbarrieren. Ziel war es auch, den Import von dringend benötigten schwerindustriellen Gütern auf diese Weise zu substituieren, um so die negative Handelsbilanz auszugleichen. Gewaltige Summen an Staatsgeldern wurden in die neuen Industriebereiche investiert und zahlreiche neue Industriezentren sowie Trockendocks für den Schiffbau errichtet. Auch der Bauboom im Mittleren Osten verschaffte der Bauwirtschaft viele Aufträge und benötigte Devisen. So lag der Fokus des dritten und vierten Fünfjahresplans (1972–1981) zum einen auf dem weiteren Ausbau der eigenen Schwerindustrie, zum anderen in der Verbesserung der Lebensverhältnisse in den ländlichen Gebieten. Die beiden vorangegangenen Fünfjahrespläne zielten einseitig auf den industriellen Aufbau und hatten zur Folge, dass sich die Nahrungsversorgung der Bevölkerung verschlechterte. Der Mehrheit der Bevölkerung fehlte die Kaufkraft, um die Produkte der Industrie abzunehmen. Die entstandenen Einkommensunterschiede zwischen Stadt- und Landbevölkerung förderten zudem Abwanderung und Verstädterung. Als Maßnahmen führte man 1969 subventionierte Agrarpreise ein. 1971 initiierte die Regierung die Bewegung zur Dorferneuerung, *„Saemaeul-Undong"*. Im Rahmen dieser Bewegung wurden die Häuser der Bauern modernisiert, Infrastruktur wie Straßen und Brücken ausgebaut und die Produktionsbedingungen verbessert. Die Hauptaktivität lag dabei auf der Dorfebene. Gewählte Vertreter des Dorfes planten und überwachten die Ausführung der Projekte, während die Regierung das Baumaterial zur Verfügung stellte. So waren die Dorfbewohner sehr aktiv an diesem Modernisierungsprozess beteiligt und fühlten sich durch den Erfolg in ihrem Selbstbewusstsein nachhaltig gestärkt.

2.6.3   Die 1980er Jahre

Der fünfte Fünfjahresplan (1982–1986) stand ganz unter dem Vorzeichen, den staatlichen Interventionismus einzudämmen, um damit marktwirtschaftlichen Kräften ein breites Feld einzuräumen. Ziel war es, die Effizienz der koreanischen Wirtschaft zu erhöhen, die Inflation zu bekämpfen und für eine verbesserte Wettbewerbsfähigkeit von Unternehmen zu sorgen; der Abbau der Exportsubventionen, die Privatisierung der Geschäftsbanken, die

Liberalisierung des Finanzsystems und der Kapitalmärkte, die Förderung des Wettbewerbs durch eine aktive Mittelstandspolitik und der Aufbau einer binnenmarktorientierteren Produktionsstruktur waren Ausdruck dieser ordnungspolitischen Neuorientierung. Die dringend notwendige Liberalisierung des Finanzwesens fand bis Ende dieses Fünfjahresplanes jedoch keine Umsetzung. Die Politiker wollten auf dieses wichtige Instrument zur Lenkung der koreanischen Wirtschaft nicht verzichten. Der Liberalisierungsgrad im Außenhandel konnte erhöht werden; der Anteil jener Produkte, für die eine automatische Exportgenehmigung bestand, wurde von 80 Prozent im Jahre 1983 bis 1988 auf 95 Prozent erhöht. Das Bruttoinlandsprodukt erreichte eine durchschnittliche Wachstumsrate in den Jahren 1982 bis 1986 von 8,7 Prozent.

Beim sechsten Fünfjahresplan (1986–1991) lagen die Schwerpunkte des wirtschaftlichen Interesses in den Bereichen Automobil- und Elektronikindustrie sowie im Maschinenbau. Die im vorangegangenen Fünfjahresplan initiierten Liberalisierungsmaßnahmen sollten mit Hilfe staatlicher Ordnungspolitik weiter vorangetrieben werden. Die gezielte Förderung von Mittelstand und Wettbewerb setzte die Regierung ebenfalls fort. Zudem sollte der Aufbau einer eigenen technologischen Basis helfen, sich stärker vom größten Exportmarkt USA durch Diversifizierung zu lösen. Dieser Fünfjahresplan brachte eine durchschnittliche jährliche Wachstumsrate von 9,9 Prozent und ging als die „goldenen achtziger Jahre" in die Wirtschaftsgeschichte Südkoreas ein.

2.6.4   Die 1990er Jahre

Anfang der 1990er Jahre machten heftige Auseinandersetzungen zwischen Arbeitgebern und Arbeitnehmern eine geregelte Tarifpartnerschaft notwendig. Vor diesem Hintergrund sah der siebte Fünfjahresplan (1992–1996) die Arbeitnehmerreform vor. Weitere Ziele waren der Ausbau der Infrastruktur, die weitere Öffnung des Landes und die Vorbereitung auf eine friedliche Wiedervereinigung mit dem Norden.

Im Jahre 1996 fand Südkorea Aufnahme in die OECD und erreichte damit den Status einer Industrienation. Das Planungsinstrument „Fünfjahresplan" wurde ab Mitte der 1990er Jahre nicht mehr angewendet. Präsident Kim

Young-sam versuchte während seiner Amtszeit (1993–1998) die Wirtschaft stärker zu deregulieren und zu liberalisieren. Mit der Offenlegung anonymer Bankkonten erhoffte sich Kim Young-sam ein Eindämmen von Korruption und Steuerhinterziehung. Aber die Erfolge, die sich aufgrund dieser Maßnahme einstellen sollten, blieben eher bescheiden. Die negative Handelsbilanz und die hohe Auslandverschuldung verdeutlichten Mitte der 1990er Jahre die ungesunde Wirtschaftsentwicklung Südkoreas. Die Finanzkrise 1997 zeigte offen das Ausmaß an Strukturproblemen des koreanischen Wirtschaftssystems und zwang die Regierung zu stärkerem Handeln. Die ersten Anzeichen ernsthafter Probleme stellten sich im Januar 1997 ein, als das erste Großunternehmen, Hanbo Iron&Steel, Konkurs anmeldete und die Gläubiger 6 Mrd. US$ abschreiben mussten. Weitere *Jaebeols* wie Sammi Steel, Kia, Jinro und Haitai folgten diesem Schicksal. Alle diese Konglomerate verfolgten das Ziel, ihre Kapazitäten möglichst schnell auszubauen und in vielen Geschäftsfeldern aktiv zu sein. Am Ende konnten sie ihre Kredite bei koreanischen und ausländischen Finanzinstituten nicht mehr bedienen.

2.6.5   Die Finanzkrise von 1997/98

Die Ursachen, die zu dieser Krise geführt haben, mögen vielfältig sein. Werner Pascha beschreibt in seinem Beitrag zum Buch „Südkorea und Nordkorea" zwei sich gegenüberstehende Positionen:

> „– Die Krise als Liquiditätsproblem: Danach lag der entscheidende Faktor in Funktionsdefiziten des internationalen Finanzsystems, zum Beispiel im Fehlen geeigneter Mechanismen gegen das Auftreten spekulativer Attacken. Vor diesem Hintergrund zogen internationale Anleger kurzfristig Mittel ab, und der Won stürzte ab. Die internationale Gemeinschaft, unter Federführung des IWF, setzte ein Hilfspaket durch, welches die Situation zwar stabilisierte, gleichzeitig das Land jedoch in eine schwere Rezession trieb.
>
> – Die Krise als Solvenzproblem: Hiernach sind Funktionsdefizite im koreanischen Wirtschaftssystem entscheidend. Die Großkonzerne (Chaebol) waren danach keiner stringenten Corporate Governance unterworfen, und auch die Kontrolle durch die Finanzmärkte sei aufgrund von Konstruktionsmängeln des Finanzsektors nicht effektiv gewesen. Ineffiziente Strukturen seinen damit entstanden und aufgrund von Kollision zwischen Staat und Privatwirtschaft bis hin zur Korruption, nicht rechtzeitig aufgedeckt worden; irgendwann konnte dies nur zum ‚Crash' führen."
>
> (Quelle: *Südkorea und Nordkorea* von Thomas Kern und Patrick Köllner (Hg.))

Allgemein wird die Meinung vertreten, dass die in beiden Erklärungen genannten Gründe wahrscheinlich zur Krise beigetragen haben. Der Internationale Währungsfonds (IWF) stellte einen 57 Milliarden US$ Kredit zur Verfügung, an den die folgenden Bedingungen geknüpft waren:

- Schließung angeschlagener Finanzinstitute
- Unabhängigkeit der Zentralbank
- Erweiterung des Einlagensicherungssystems und Schaffung eines Auffangfonds für faule Kredite
- Etablierung einer unabhängigen Finanzaufsichtsbehörde
- Abschaffung der Importrestriktionen
- Erleichterung der ausländischen Direktinvestitionen, einschließlich Erwerb von Unternehmen und Boden
- Strukturelle Reformen der *Jaebeol*
- Erweiterter Schutz von Kleinanlegern
- Reform des Arbeitsmarktes

Darüber hinaus sollte eine Zinserhöhung einer Inflationsgefahr entgegenwirken und die koreanische Währung stärken. Die Folgen der Wirtschaftskrise wurden hierdurch teilweise verstärkt, da das hohe Zinsniveau zum Sparen anregte und der Konsum gesenkt wurde. Für viele Firmen bedeutete es den Konkurs. Zum Bankrott vieler kleiner und mittlerer Unternehmen trugen auch die Darlehensbeschränkungen durch die Banken bei. Die Arbeitslosigkeit stieg von 2,6 Prozent (November 1997) auf 7,3 Prozent (November 1998). Seit Jahrzehnten durch ständiges Wachstum verwöhnt traf die Bevölkerung die Krise völlig unerwartet. Das zu dem Zeitpunkt noch in den Kinderschuhen steckende Sozialsystem war nicht in der Lage, die Situation aufzufangen. In Korea wird die Asienkrise noch heute IMF (International Monetary Fund)-Krise bezeichnet, da die Menschen die Auswirkungen der Krise erst durch die Intervention des IWF (Internationaler Währungsfonds) zu spüren bekamen.

Die Koreanische Regierung setzte die Vorgaben des IWF konsequent um, auch wenn nicht in allen Bereichen das gewünschte Ziel erreicht wurde. Die strukturellen Reformen der *Jaebeols* verliefen nur bedingt erfolgreich. *Jaebeols* konzentrierten sich danach mehr auf ihre „Kerngeschäfte" und trennten sich von einigen ihrer Geschäftsbereiche. Aber die finanziellen Verflechtungen untereinander blieben intransparent, die Anzahl der Geschäftsfelder nach wie vor hoch.

Die schnelle Rückzahlung des IWF Kredites zeigt den Willen der Koreaner, von ausländischen Einflüssen soweit wie möglich unabhängig zu bleiben. In Zeiten der nationalen Krise, wächst ein Volk zusammen und verfolgt ein gemeinsames Ziel. Die ungewöhnlich hohe Bereitschaft eines jeden Koreaners, einen Beitrag für das Land zu leisten, zeigte sich, als die Regierung die Bevölkerung aufforderte, ihren Goldschmuck an die Regierung zu verkaufen, um die Staatsfinanzen zu unterstützen. An den Sammelstellen bildeten sich lange Schlangen von Menschen, die dem Aufruf gefolgt waren. Obwohl sie als Gegenleistung nur den stark abgewerteten Weon (Won) erhielten, waren nicht wenige Menschen zu diesem Opfer bereit. Mitarbeiter vieler Unternehmen verzichteten freiwillig auf bis zu 25 Prozent ihres Gehaltes und trugen somit zum Überleben ihrer Firma bei. Neben der Asienkrise gab es in den 1990er Jahren eine weitere Herausforderung für Südkorea; die wirtschaftliche Öffnung Chinas, Russlands und der Ostblockstaaten. Sowohl die ausländische als auch die koreanische Industrie verlegten ihre Produktionen zunehmend in diese Länder, um Lohnkostenvorteile auszunutzen. Negativ betroffen von dieser Entwicklung waren insbesondere klein- und mittelständische Unternehmen. Die südkoreanische Regierung erkannte, dass durch die zunehmende Globalisierung Arbeit und Kapital alleine nicht ausreichten, um Südkorea als attraktiven wirtschaftlichen Standort zu erhalten. Die Erfolgsfaktoren Wissen, Technologie und Information gewannen zusehends an Bedeutung für den Wirtschaftsstandort. Aus diesem Grund wurden Investitionen in Forschung und Entwicklung erhöht sowie die Ausbildung von Forschern und Ingenieuren weiter ausgebaut. So wuchs beispielsweise während der Amtszeit von Präsident Roh Moo-hyun der entsprechende Haushaltsposten um durchschnittlich 12,8 Prozent pro Jahr. Im Jahre 2008 wurden unter Präsident Lee Myung-bak die Aufwendungen für diese Haushaltstitel um weitere 11,2 Prozent gegenüber dem Vorjahr aufgestockt. 2007 investierte Südkorea 3,22 Prozent des Bruttoinlandproduktes in Forschung und Entwicklung und belegte damit im OECD-Vergleich den 4. Platz weltweit.

Als hoffnungsvolle Forschungsbereiche mit entsprechender staatlicher Förderung gelten der Bereich der alternativen Energien, insbesondere Wasserstoff- bzw. Brennstoffzellentechnik, Photovoltaik und Windkraft, sowie die Bereiche Gesundheitswesen und Biopharmazeutik.

Ein weiteres Instrument zur Standortsicherung Südkoreas als attraktivem Wirtschaftsstandort ist die Realisierung einer wirtschaftlichen Drehscheibe „Hub" für die gesamte Region Nordostasien. Hierzu wurde die logistische Infrastruktur systematisch ausgebaut und freie Wirtschaftszonen in *Incheon*, *Busan-Jinhae* und in *Gwangyang* eingerichtet. Der Wunsch der Regierung, Südkorea auch als Finanzmarktstandort erfolgreich zu etablieren, konnte bisher nicht realisiert werden.

Tab. 2.3: Die wichtigsten Handelspartner Südkoreas, 2007, 2008. Quelle: Datenblatt Koreas 2007, Botschaft der Bundesrepublik Deutschland, Seoul und Auswärtiges Amt Korea: Wirtschaft, Handel Stand 17.04.2009.

Rang 2007	Land	Handelsvolumen 2007	Handelsvolumen 2008	Rang 2008
1	China	145,0 Mrd US$	168,3 Mrd US$	1
2	USA	83,0 Mrd US$	84,7 Mrd US$	3
3	Japan	82,6 Mrd US$	89,2 Mrd US$	2
5	Deutschland	25,0 Mrd US$	25,3 Mrd US$	5

2.6.6   Weitere Herausforderungen für die Wirtschaft

Eine Verbesserung der südkoreanischen Wirtschaftsstruktur kann nur mit einer stärkeren Förderung der klein- und mittelständischen Unternehmen einhergehen. Eine weitere Herausforderung liegt in der Reformierung des Sozialversicherungs- und Altersversorgungssystems. Ähnlich wie in Deutschland gibt es in Korea ein demografisches Problem. Die Geburtenrate ist eine der niedrigsten weltweit und die Lebenserwartung der Älteren steigt dank der besseren medizinischen Versorgung. Sollte es zu einer Wiedervereinigung der koreanischen Halbinsel kommen, könnte dies die koreanische Wirtschaft auf eine harte Probe stellen, denn die Sanierung der maroden Wirtschaft Nordkoreas würde den Süden überfordern.

Gegenwärtig begegnet die Regierung der schwierigen Lage des Landes, die sich aus der Zwickmühle zwischen der chinesischen Niedriglohnkonkurrenz und Japans High-Tech-Innovationen ergibt, mit Freihandelsabkommen. Inzwischen wurden Abkommen mit Singapur, Chile und den ASEAN-Staaten ratifiziert. Die Verhandlungen mit Amerika sind abgeschlossen, der Vertrag jedoch noch nicht ratifiziert. Freihandelsabkommen mit Russland, der EU und Indien werden noch verhandelt. Die derzeitige Finanzkrise hat Korea nicht so sehr getroffen wie viele andere Staaten. Die einzigen negativen Folgen ergaben sich durch gestiegene Rohstoffpreise. Ein Grund dafür war, dass Korea aus den Erfahrungen der Asienkrise von 1997/98 gelernt und die Devisenreserven des Landes, die Ende 1997 nur 20,4 Milliarden US$ ausmachten, bis Ende 2007 auf 262,2 Milliarden US$ aufgestockt hat. Daher schätzen Koreaner die Wirtschaftslage in ihrem Land recht optimistisch ein und sind sich sicher, auch diese Krise zu bewältigen.

Der derzeitige Präsident Lee formulierte seine wirtschaftlichen Reformpläne anhand der einprägsamen Formel „747": 7 Prozent Wachstum, ein nationales Pro-Kopf-Einkommen von 40.000 US$ innerhalb von zehn Jahren (2007 betrug das Pro-Kopf-Einkommen 20.000 US$) und eine mögliche G7-Mitgliedschaft Koreas. Die Ziele scheinen momentan, auch aufgrund der aktuellen Finanzkrise, unerreichbar. Grundsätzlich hat Südkorea das Potential, auch weiterhin eine ökonomisch wichtige Rolle in Asien zu spielen. Ob es die Regierung vermag, ihre hochgesteckten Ziele zu erreichen, bleibt abzuwarten.

2.7   Jaebeol (Chaebol)

Klein- und mittelständische Unternehmen (KMU), die 99,8 Prozent aller Unternehmen ausmachen und 86,5 Prozent aller koreanischen Arbeitnehmer beschäftigen, prägen das Bild der koreanischen Volkswirtschaft. Daneben existieren Konglomerate, die sog. *Jaebeols* (*Jaebol* oder auch *Chaebol*). Zu ihnen zählen Mischkonzerne wie Samsung, Daewoo, Doosan, Hyundai, LG etc., die in unterschiedlichsten Geschäftsbereichen tätig sind. Sie erzeugen rund 40 Prozent des Bruttoinlandsproduktes (BIP), obwohl sie im Gegensatz zu den KMUs nur 0,02 Prozent aller Unternehmen stellen. Eine rechtliche Definition für *Jaebeols* gibt es nicht. Jedoch weisen sie alle folgende Merkmale auf:

- weit diversifizierte Geschäftsbereiche
- einzelne Unternehmensteile sind untereinander wiederum durch gegenseitige Beteiligungen verflochten
- auffällige Anzahl von angeschlossenen Zulieferfirmen bzw. Tochterunternehmen
- ein niedriger Eigenkapitalanteil und eine hohe Schuldenquote
- zudem befinden sie sich teilweise noch in Familienbesitz bzw. werden durch diese Familien direkt oder indirekt kontrolliert

2.7.1 Die Entstehung von *Jaebeols*

Die *Jaeboels* wurden in den 1940er und 1950er Jahren von Einzelpersonen gegründet (vgl. Tabelle 2.4). Die Wirtschaftspolitik von Park Chung-hee ermöglichte es diesen Unternehmen in den 1960er Jahren massiv zu expandieren. Park war überzeugt davon, dass eine schnelle, wirtschaftliche Entwicklung nur mit Großunternehmen zu erreichen war, welche die Vorgaben der Politik schnell umsetzten. Die Unternehmen, die sich für eine Kooperation mit der Regierung entschieden, erfuhren eine entsprechende Förderung. Unternehmer, die es ablehnten, erfuhren Repressalien: Steuerprüfungen, unberechtigte Anklagen etc.

Für kooperative Unternehmen stellte der Staat das erforderliche Kapital bereit und formulierte als Gegenleistung Bedingungen hinsichtlich Produktionszahlen für den Binnen- und Exportmarkt. Insbesondere von diesen Fördermaßnahmen für den Export profitierten die *Jaebeols* in hohem Maße. Angetrieben durch diese staatlichen Steuerungsmechanismen investierten sie in den 1970er Jahren in den Bereich der Schwer- und Chemieindustrie, in denen keinerlei Erfahrungen vorhanden waren. Dabei mussten die Unternehmen weder auf Profitabilität noch Effizienz achten, da das Kapital durch vergünstigte Kredite vom Staat zur Verfügung gestellt wurde. Bis in die 1980er Jahre durften *Jaebeols* keine Banken besitzen, so dass die Regierung ein wirksames Instrument hatte, um die Unternehmen stets zur Kooperation zu bewegen. Zudem sorgte die Regierung durch ein Verbot gewerkschaftlicher Aktivitäten dafür, dass Firmen günstige Arbeitskräfte am Markt fanden. Diese einseitige Förderung der Großindustrie trug dazu bei, dass *Jaebeols* sich wesentlich schneller entwickelten als KMU. Auch nach der Liberalisierung der Finanzinstitute blieben die *Jaebeols* weiterhin auf diese aktive Wirtschaftshilfe angewiesen. Aus dieser engen Verbindung trennten sich die *Jaeboels* ab den 1990er Jahren. Mit der Vorstellung, dass sie zu groß seien, um bei Schwierigkeiten nicht von der Regierung gerettet zu werden, begannen sie mit großangelegten Expansionen. Es kam zu hohen Verschuldungen durch Aufnahme von Krediten, die das Eigenkapital um ein hundertfaches überschritten (vgl. Tabelle 2.5). Auch ausländische Kredite mit kurzer Laufzeit wurden aufgenommen. Diese wurden jedoch eingesetzt, um langfristige Investitionen zu realisieren. Als sich die Regierung in den 1990er Jahren aus dem Finanzmarkt zurückziehen wollte, um diesen weiter zu liberalisieren, wurden die aufgenommenen In- und Auslandskredite über Garantien und Bürgschaften der in einem *Jaebeol* verbundenen Unternehmen abgesichert.

2.7.2   *Jaebeol* und die Finanzkrise

Die Finanzkrise von 1997/98 traf die stark exportorientierten *Jaebeols* hart und offenbarte ihre miserable Finanzlage. Der Internationale Währungsfonds (IWF) sprang ein und knüpfte den gewährten Kredit von 57 Mrd. US$ unter anderem an Bedingungen, die die Jaebeol betrafen. IWF und Regierung einigten sich auf einen Fünf-Punkte-Plan zur Reformierung der fünf größten *Jaebeols*.

1. *Jaeboels* konzentrieren sich auf ihr Kerngeschäft. Geschäftsfremde Bereiche werden abgetrennt
2. Steigerung des Eigenkapitals und Reduzierung der Schuldenquote
3. Abbau gegenseitiger Kreditgarantien, um die Entflechtung der Unternehmen untereinander zu erreichen
4. Steigerung der Transparenz durch Entflechtung und die Verpflichtung, regelmäßig Bilanzen zu veröffentlichen
5. Einführung einer Corporate Governance

Für kleinere *Jaebeols* (Rang 6 bis 64) sollten „Workout-Programme" in Zusammenarbeit mit den wichtigsten Geldgebern ausgearbeitet werden, die mittelfristig als Rettungsplan dienten.

Durch die Reformvorgaben gezwungen trennten sich viele *Jaebeols* von Geschäftsbereichen, die nicht zum Kerngeschäft gehörten. Die Liberalisierung von direkten Investitionen aus dem Ausland ermöglichten zahlreiche Übernahmen von Beteiligungen an koreanischen Unternehmen durch Auslandsgesellschaften. Trotzdem blieb die Zahl der zum Konzernverbund gehörenden Tochtergesellschaften weiterhin hoch. Von durchschnittlich 27,3 Tochtergesellschaften pro *Jaebeol* (1997) sank die Zahl im Jahre 2000 auf 18,1. Damit war es nicht gelungen, die Anzahl nur auf wenige Kernbereiche zu reduzieren. Samsung verfügte beispielsweise nach Ablauf der Reform immer noch über 63 verbundene Unternehmen.

Der von den Gründerfamilien durchschnittlich gehaltene Aktienanteil wurde zwar ebenfalls von 9,5 Prozent (1997) auf 4,3 Prozent (2003) reduziert, jedoch konnten die Mitglieder der jeweiligen Gründerfamilien durch die Ringbeteiligungen ihren Einfluss an den Unternehmen weiter erhöhen. 2003 kontrollierten sie de facto fast 48 Prozent der Eigentumsanteile. So wurde das Ziel der Entflechtung der Unternehmensgruppe nur teilweise erreicht.

Die Schuldenquote konnte im weiteren Verlauf ebenfalls verringert werden. Die Anwesenheit ausländischer Gesellschaften in Korea schuf allgemein ein Umfeld für mehr Wettbewerb auf dem koreanischen Markt und zwang insbesondere *Jaebeols* zu Veränderungen. Ein Ergebnis des ausländischen Einflusses war der Versuch, das traditionelle koreanische Entlohnungssystem zu reformieren. Das auf dem Senioritätsprinzip basierende System sollte auf ein Leistungsprinzip umgestellt werden. Nicht in allen Unternehmen und Unternehmensbereichen ist dies gelungen, da das Senioritätsprinzip gesellschaftlich nach wie vor breite Akzeptanz findet und Einzelleistungen von Mitarbeitern, anders als in westlichen Unternehmen, schwer messbar sind. In den Unternehmen existieren beispielsweise keine klar definierten Aufgabenbereiche für einzelne Mitarbeiter.

Die Bedingungen für gewerkschaftliches Arbeiten wurden in der letzen Dekade erheblich verbessert. Bis 1997 waren 30 Arbeitnehmer oder ein Fünftel des Betriebes erforderlich, um eine Gewerkschaft zu gründen. Heute können zwei Arbeitnehmer bereits eine Betriebsgewerkschaft gründen. 1987 schaffte man das Einheitsgewerkschaftsprinzip ab und ließ mehrere Gewerkschaftsverbände auf Branchenebene mit regionalen und nationalen Dachverbänden zu. Firmen mit 30 oder mehr Mitarbeitern müssen seit 1997 der Organisation von Arbeitnehmervertretern zustimmen und können dies nicht mehr untersagen. In Betrieben ohne gewerkschaftliche Bindung übernehmen entsprechende Arbeitnehmervertreter häufig diese Funktion.

Spektakuläre Anklagen und Verurteilungen von CEOs wegen Steuerhinterziehung und Bestechungen, wie bei Hyundai Motors und Samsung, lassen zweifeln, ob die Implementierung und Einhaltung einer Corporate Governance erfolgreich sein kann.

Obwohl sie noch nicht allen internationalen Standards entsprechen, sind *Jaebeols* heutzutage weltweit agierende und als globale Player im internationalen Wettbewerb akzeptierte Konzerne. Dabei stellt sich jedoch die Frage, ob eine völlige Anpassung an westliche Unternehmensführung in jeder Hinsicht wünschenswert ist. Die Herausforderung für die nachfolgenden Generationen der Unternehmensführung wird es sein, einerseits die westlichen Standards zu erfüllen, um international im Wettbewerb bestehen zu können, als auch andererseits die positiven koreanischen Eigenheiten zu bewahren.

2.7.3   Das Image von *Jaebeols*

Koreaner stehen diesen großen Konglomeraten durchaus gespalten gegenüber. Einerseits sind sie stolz auf sie, denn ohne sie hätte ein gesamtwirtschaftlicher Aufschwung wie in den letzten fünfzig Jahren sicherlich nicht statt finden können. Ein Anschluss an die großen Industrienationen wäre ausgeblieben. Bekanntheitsgrad und weltweite Anerkennung Südkoreas als Industrienation verdanken Koreaner nicht zuletzt den *Jaebeols* und ihren bekannten Produkten. Für Arbeitnehmer gehören die *Jaebeols* nach wie vor zu den sicheren Arbeitgebern mit den besten Karrierechancen. Angestellte von *Jaebeols* werden besser bezahlt, die Zusatzleistungen sind vielfältiger und umfangreicher als bei klein- und mittelständischen Unternehmen. Angestellte profitieren darüber hinaus auch von den vielen Unternehmensbereichen und Beteilungen: Kreditinstitute, Lebensversicherungen, Hotels, Reisebüros, Kaufhäuser etc. gewähren Firmenangehörigen besondere Konditionen. Diese Attraktivität versetzt *Jaebeols* in die Lage, nur die „Besten" zu rekrutieren. Anwärter müssen sich häufig strengen schriftlichen und mündlichen Prüfungen unterziehen. Haben sie es dann geschafft, genießen sie hohe gesellschaftliche Annerkennung.

Andererseits haben diese zuvor beschriebenen Vorteile für Arbeitnehmer auch durchaus ihren Preis. Lange Zeit entwickelten sich *Jaebeols* auf Kosten ihrer Mitarbeiter und Zulieferer bei gleichzeitiger Unterbindung jedweder gewerkschaftlicher Organisation. Negativ beurteilt wird von den meisten Koreanern die monopolistische Marktstellung einiger *Jaebeols* und die mangelnde Transparenz ihrer „Corporate Governance". Nicht zuletzt verhalf die Nähe zur politischen Elite über Jahrzehnte zu einer hohen Konzentration des Vermögens. Die Bevölkerung sieht ihren finanziellen und internationalen Aufstieg als Ergebnis illegaler bzw. sozial ungerechter Geschäftspraktiken. Dies färbt auf das Verhalten der *Jaebeol* Familien ab. Diese stellen sich als eine Art neuen Adelsstand in der Gesellschaft dar und werden für ihr elitäres Verhalten kritisiert. Diese Verhaltensweise wird aktiv gefördert, indem *Jaebeol* Gründerfamilien ihre Söhne und Töchter gezielt untereinander verheiraten, so dass die „Normalbevölkerung" sich nicht mit ihnen identifizieren kann. Die Kluft zwischen Arm und Reich steigt in Korea stetig. Unternehmen versuchen daher ihr Image durch soziales Engagement zu verbessern und vermarkten dies entsprechend seit vielen Jahren. Mittlerweile erwartet die koreanische Bevölkerung generell von allen in Korea ansässigen Unternehmen, dass sie sich für Mensch und Natur engagieren.

Tab. 2.4: Der Ursprung wichtiger Jaebeol und ihr Rang in Korea (Stand: 2000). Zitiert nach Lee-Peuker, *Wirtschaftliches Handeln in Südkorea*, S. 171.

Jaebeol	Gründer	Gründungsjahr	Erste Unternehmung	Rang
Daewoo	Kim Woo-choong	1947	Handel, Textilien	7
Hanjin	Cho Choong-hoon	1945	Transport	5
Hyundai	Chung Ju-yung	1947	Autoreparatur	1
Kumho	Park In-chun	1946	Taxi	8
Lucky Gold-star (LG)	Koo In-hoe	1947	Kosmetik	3
Samsung	Lee Byung-chul	1938/51	Zuckerraffinerie	2
Ssangyong	Kim Sung-kon	1954	Handel, Textilien	10
Sunkyong	Choi Jong-hyun	1953	Textilien	4

Tab. 2.5: Schuldenquoten koreanischer Jaebeol 1997 in Prozent. Zitiert nach Lee-Peuker, *Wirtschaftliches Handeln in Südkorea*, S. 177 und S. 187 sowie zitiert nach Pohlmann, *Südkoreas Unternehmen*, in Kern, Thomas und Köllner, Patrick (Hg.), *Südkorea und Nordkorea*, S. 144.

Gruppe	Schuldenquote 1997	Schuldenrate 2002
Hanjin	906,3	294,4
Hanil	777,2	k.a.
Hyundai	596,2	168,0/977,6[4]
Lucky Goldstar (LG)	477,5	206,8
Daewoo	386,4	k.a.
SK	354,3	156,4
Samsung	339,6	240,6

2.8   Religionen Koreas

Beinahe alle großen Weltreligionen sind in Korea vertreten. Daneben gibt es zahlreiche neue Religionen, die aus diesen Glaubensgruppen entstanden sind. Im Folgenden werden nur die Religionen aufgeführt, die bei der statistischen Erhebung im Jahre 2005 Erwähnung fanden. Hinzu kommt der Schamanismus, dem sich noch viele Menschen in Korea verbunden fühlen. Nach der statistischen Erhebung verteilten sich die Angehörigen der verschiedenen Glaubensrichtungen folgendermaßen:

- Bevölkerungszahl Südkoreas: 47.041.434 Einwohner (2005)
- Davon Angehörige, die einer Glaubens- bzw. Religionsgemeinschaft zuzuordnen sind: 24.970.766 (53 Prozent)

---

[4]   Hyundai Motors: 168,0 ; Hyundai Elektronik, Bau und Finanzen 997,6.

Tab. 2.6: Übersicht über die mengenmäßige Verteilung auf die verschiedenen Religionsrichtungen in Südkorea (Korea National Statistical Office, http://www.nso.go.kr/, Datenermittlung aufgrund einer Volkszählung aus 2005)

Buddhismus	불교	10.726.463	22,80%
Christentum – Protestantismus	기독교(개신교)	8.616.438	18,32%
Christentum – Katholizismus	기독교(천주교)	5.146.147	10,94%
Konfuzianismus	유교	104.575	0,22%
Weonbulgyo	원불교	129.907	0,28%
Jeungsangyo	증산교	34.550	0,07%
Cheondogyo	천도교	45.835	0,10%
Daejonggyo	대종교	3.766	0,01%
Andere	기타	163.085	0,35%
Ohne Religion	종교없음	21.865.160	46,48%
Unbekannt, unklar	미상	205.508	0,44%

2.8.1 Schamanismus

Der Schamanismus wird in Korea nicht als Religion anerkannt und daher auch nicht statistisch erfasst. Er ist jedoch die älteste Glaubensrichtung, die es in Korea gibt. Aus diesem Grund muss der Schamanismus mit in die Reihe der Religionen in Korea einbezogen werden. Obwohl ihn inzwischen ein Großteil der Koreaner als Aberglaube abtut, gibt es nach wie vor viele Anhänger, die in wichtigen Lebensfragen die Dienste von Schamanen in Anspruch nehmen. Diese agieren als Vermittler zwischen den Lebenden und den Geistern bzw. Toten. Sie sollen Krankheiten heilen, Unglück abwehren oder aber bei der Verwirklichung von Wünschen behilflich sein. Nach schamanischem Glauben haben die Geister einen großen Einfluss auf die Lebenssituation der Menschen. Daher ist es wichtig, die Geister gut zu behandeln. Schamanische Zeremonien (Koreanisch: *Gut* oder *Kut*) werden heutzutage noch bei folgenden Gelegenheiten abgehalten: Hochzeiten, Geburten, schweren Krankheiten, Todesfällen, zur Eröffnung eines Geschäftes oder auch zur Grundsteinlegung usw. Es gibt auch Dorfzeremonien, die zum Wohle des Dorfes die Dorfgeister besänftigen sollen. Eine solche *Gut*-Zeremonie kann bis zu mehrere Stunden andauern und wird begleitet von besonderen Gesängen und Tänzen sowie einer Vielzahl von magischen Handlungen, die sowohl der eigentliche Meister als auch weitere Hilfsschamanen ausführen. Die Kosten für die Durchführung dieser Zeremonien sind immens. Obwohl der Schamanismus bis heute Teil der koreanischen Kultur ist, wurde er immer wieder als Aberglaube verurteilt, seine Anhänger benachteiligt und verfolgt. Während der Regierungszeit des wissenschaftlich orientierten Königs Sejong (1419–1450) stand die Ausübung schamanischer Rituale unter Todesstrafe. Schamanen war es nicht einmal erlaubt, sich in Städten aufzuhalten. Trotzdem wurden ihre Dienste auch von Vertretern der Oberschicht und Angehörigen des Königshauses bei besonderen Gelegenheiten in Anspruch genommen.

Auch das Christentum mit seiner monotheistischen Glaubenseinstellung steht dem Schamanismus negativ gegenüber. Der Glaube an Geister, aber besonders die traditionelle Ahnenverehrung und die dazugehörigen Rituale, die in vielen Familien nach wie vor eine große Rolle spielen, sind mit dem christlichen Glauben nicht vereinbar.

Wie bei allen Religionen, die heutzutage in Korea vertreten sind, hat auch der Schamanismus Elemente anderer Religionen übernommen. Eine genaue Abgrenzung zu seiner ursprünglichen Form ist daher nicht mehr möglich.

2.8.2   Buddhismus

Der Buddhismus zählt zu der Religionsrichtung mit den meisten Anhängern in Korea. Er kam bereits früh über China nach Korea. Im Jahre 372, während der Periode der Drei Königreiche, wurde der chinesischer Mönch *Sundo* (chinesisch: *Shun Dao*) mit buddhistischen Schriften und Statuen an den Hof von *Goguryeo* entsandt. Dort fand er Aufnahme als Lehrer des Kornprinzen. Wenige Jahre später begann man mit der Errichtung der ersten Klöster. Die Vermittler der buddhistischen Lehren suchten die Übereinstimmung mit dem koreanischen Weltbild und adaptierten Ritualformen und Elemente aus dem bereits vorhandenen Schamanismus. Auf diese Weise fand der Buddhismus eine breite Akzeptanz in der Bevölkerung und breitete sich rasch aus.

Im Königreich *Silla* proklamierte man 527 den Buddhismus zur Staatsreligion. Auch später bestimmte der Buddhismus als Staatsreligion das intellektuelle, geistige und politische Leben des *Goryeo*-Reiches (918–1392). Viele Adlige, auch Mitglieder der Königsfamilie, wurden buddhistische Priester. Zahlreiche Mönche wurden Beamte mit politischer Macht am Königshof. Im Jahre 958 führte man das buddhistische Staatsexamen ein und knüpfte ein institutionelles Band zwischen Regierung und Klerus.

Während der *Goryeo*-Dynastie herrschten ideale Bedingungen für die Verbreitung und Weiterentwicklung dieser Glaubensrichtung. Zahlreiche buddhistische Tempel und Klöster entstanden auf Staatskosten. Klöster besaßen Ländereien und Sklaven, die für ihr Auskommen sorgten. Mit wachsendem Wohlstand verstanden es die buddhistischen Priester und ihre Klostervorstände auch ihren politischen Einfluss zu mehren. Während der *I*-Dynastie verlor der Buddhismus zugunsten eines erstarkten Neo-Konfuzianismus an Bedeutung. Grund hierfür war ein Korruptionsgeflecht innerhalb der buddhistischen Priesterschaft, das man für den Untergang des *Goryeo*-Reiches verantwortlich machte. Staatsführung und gesellschaftliches Leben wurden von nun an nach den Prinzipien des Neo-Konfuzianismus reformiert. Bis zum Ende der *I*-Dynastie hatte der Buddhismus seine politische und gesellschaftliche Bedeutung vollkommen eingebüßt. Die Mönche stiegen in der sozialen Hierarchie ab und wurden auf die unterste Stufe mit Leichenträgern, Sklaven, Prostituierten und Schamanen gleichgestellt. Inzwischen gehört der Buddhismus wieder zu den Hauptreligionen Koreas mit landesweit circa 8.000 Klöstern.

In Korea gilt jemand als Buddhist, wenn er im Alltag entsprechend der buddhistischen Lehre zu leben versucht und mindestens einmal im Jahr einen Tempel besucht. Trotz der Möglichkeit der formalen Mitgliedschaft ist die religiös motivierte Zugehörigkeit im koreanischen Buddhismus nicht formalisiert, sondern an die Ausübung des Gläubigen im Alltag gebunden. Dieser eher praktische Ansatz des religiösen Lebens trifft auch auf andere Religionsgemeinschaften in Korea zu.

2.8.3   Christentum – Katholizismus

Im 18. Jh. kamen erste Zweifel am rigiden Neokonfuzianismus auf. Nicht nur unter den Mitgliedern der zahlreichen Konfuzianischen Schulen, sondern auch innerhalb der Bevölkerung keimte der Wunsch nach politischer Veränderung und Abschaffung der bestehenden feudalen Herrschaftsstrukturen auf. Neokonfuzianische Gelehrte am Hof in Peking kamen zum ersten Mal mit christlichen Schriften in Berührung. Zunächst war das starke Interesse an westlichen Schriften und der darin erkennbaren Weltanschauung eher aus intellektuellen denn aus religiösen Gründen motiviert. Dennoch glaubten die Gelehrten hierin eine Alternative zum starren Neokonfuzianismus gefunden zu haben. 1784 ließ sich der koreanische Gelehrte I Seunghun in Peking taufen und gründete nach seiner Rückkehr die erste katholische Kirchengemeinde in Korea. Die ersten christlichen Anhänger stammten aus der Unterschicht. Sie verbanden mit dem Glauben die Hoffnung auf einen Ausweg aus der feudalen Unterdrückung. 1785 wurde die Ausübung des katholischen Glaubens verboten. Die Herrschenden der *Joseon*-Dynastie sahen darin einen fundamentalen Gegensatz zur bestehenden Moral- und Staatslehre, da im Katholizismus die Durchführung des konfuzianischen Rituals der Ahnenverehrung verboten ist. Ab dem Jahr 1799 galt die Missionierung des katholischen Glaubens als Hochverrat. Während der folgenden 100 Jahre fanden immer wieder Christenverfolgungen statt, der nicht nur koreanische Anhänger, sondern auch europäische Priester zum Opfer fielen. Die Ermordung der ausländischen Missionare zog die Entsendung ausländischer Flotten nach sich, durch deren Eingreifen sich die koreanische Regierung gezwungen sah, ihre Haltung gegenüber den Kirchen zu ändern.

Allen Schwierigkeiten zum Trotz wuchs die katholische Glaubensgemeinschaft in Korea stetig an und zählte Ende des Zweiten Weltkrieges circa 200.000 Gläubige und 308 Priester.

Die breite Akzeptanz in der Bevölkerung erlangte die katholische Kirche jedoch vor allem durch ihre aktive Beteiligung am Wiederaufbau Koreas, besonders im Bereich des Sozial-, Bildungs- und Gesundheitssystems. Ab den 1960er Jahren, in der Zeit der Militärdiktatur trat die katholische Kirche mit großem Engagement insbesondere gegen die wachsende Armut der Bevölkerung an. Sie stand auf der Seite der Menschen, die sich von der radikalen Wachstums- und Industriepolitik überfordert sahen und befasste sich mit Problemen, die die Regierung ignorierte. Dieses Engagement führte zu einem steten Zulauf. 1963 zählte die katholische Kirche bereits 575.000 Anhänger. Im Jahr 2005 bekannten sich 5.146.147 Koreaner zum katholischen Glauben.

2.8.4   Christentum – Protestantismus

Der Protestantismus gelangte erst gegen Ende des 19. Jh.s durch Vertreter der presbyterianischen und methodistischen Denominationen, hauptsächlich amerikanischer Herkunft, nach Korea. Die protestantische Kirche gewann zunächst durch einzelne Vertreter und ihre Tätigkeit an Ansehen. Horace N. Allen (1858–1932) kam 1884 nach Korea und gewann als Arzt das Vertrauen der Königsfamilie und erhielt die Erlaubnis, die erste Klinik im westlichen Stil aufzubauen. Dort behandelte er Kranke aus allen sozialen Schichten und schaffte somit eine wesentliche Grundlage für das Vertrauen bei der breiten Bevölkerung in den Protestantismus. 1885 erreichten zwei weitere amerikanische Missionare, Reverend Horace G. Underwoood (1859–1916) von der Northern Presbyterian Mission und Reverend Henry. G. Appenzeller (1859–1902) von der Northern Methodist Mission, die koreanische Hauptstadt. Ihnen war es nicht erlaubt zu missionieren, daher engagierten sie sich auf gesundheitlichen und erzieherischen Gebieten und prägten gleichsam die wichtigsten Aufgabenbereiche protestantischer Missionare, von denen immer mehr in die ländlichen Gebiete gingen und dort ihre Arbeit aufnahmen.

Während der japanischen Besatzungszeit waren die koreanischen Protestanten politisch aktiv und bildeten einen Teil des gesellschaftlichen Widerstands. So wurde in vielen protestantisch geprägten Schulen nicht nur geistiges Wissen vermittelt. Sie dienten ebenfalls als militärische Ausbildungsstätten. Am 1. März 1919 kam es zu einem breit angelegten Widerstand gegen die japanischen Besatzer. 33 Volksvertreter, darunter bekannte Schriftsteller, Priester, Professoren etc. riefen mit einer Unabhängigkeitsproklamation zu Massenprotesten auf. Davon waren knapp die Hälfte Protestanten. An der Demonstration beteiligten sich mehr als zwei Millionen Koreaner und forderten ein Ende der Besatzung. Die Massenproteste wurden durch das japanische Militär gewaltsam niedergeschlagen. Seit der Industrialisierung entstanden in den Großstädten zahlreiche so genannte Heimat-Kirchen, in denen Emigranten aus ländlichen Gebieten ihre regionale Kultur und gemeinsame Historie pflegten. Laut der statistischen Erhebung von 2005 stellt das protestantische Christentum die Religion mit der zweitgrößten Gläubigerzahl dar, mit wachsendem Zulauf. Die gesellschaftliche Rolle der protestantischen Kirche hat sich in Korea inzwischen gewandelt. Sie wirken wie ein soziales Netz, das Unterstützung und gegenseitige Hilfe in allen Lebensfragen gewährt. Die Gemeinden finanzieren sich lediglich aus Spendengeldern ihrer Gemeindemitglieder. Daher nehmen sie heute vor allem die Aufgaben wahr, die dem Fortkommen und den Interessen der eigenen Mitglieder und des Fortbestandes der Gemeinde nützen. Zu ihren Dienstleistungsangeboten gehört die Weiterbildung in religiösen wie in beruflichen Bereichen, Stellenbörsen, Kindergärten, Altenbetreuung und selbst Auslandsreisen. Viele der Gemeinden werden heute wie Wirtschaftsunternehmen geführt und wetteifern mit anderen Gemeinden um Mitglieder.

2.8.5   Konfuzianismus

Es soll hier nicht der Frage nachgegangen werden, ob der Konfuzianismus an sich als Religion definiert werden muss. In Korea ist er seit 1985 offiziell als Religion anerkannt. Götterlehren sind im Konfuzianismus unbekannt. Der Konfuzianismus konzentriert sich auf das Zusammenleben der Menschen im Diesseits und wird deshalb eher als Moralethik angesehen. Die Existenz eines Jenseits wird zwar nicht verneint, aber auch nicht weiter definiert. Wie der Buddhismus fand auch der Konfuzianismus früh seinen Weg nach Korea. Gemäß dem *Samguksagi,* der Chronik der drei Königreiche, wurde die erste konfuzianische Hochschule 372 n. Chr. im Königreich *Goguryeo* errichtet. Bis zum Beginn der *I*-Dynastie (1392–1910) wurde der Konfuzianismus von einzelnen Königen immer wieder gefördert, koexistierte neben dem vorherrschenden Buddhismus und prägte das Denken der Koreaner ebenfalls nachhaltig. Während der *I*-Dynastie lösten die neokonfuzianischen Ideen des chinesischen Gelehrten Zhu Xi (1130–1200) die damalige Staatsreligion Buddhismus ab. Das gesamte gesellschaftliche Leben wurde nach neokonfuzianischen Prinzipien organisiert.

Die Omnipräsenz des konfuzianischen Weltbildes während der 600 Jahre andauernden *I*-Dynastie (1392–1910) hat im Denken der heutigen Koreaner starke Spuren hinterlassen. Wertevorstellungen, wie Loyalität und Pietät gegenüber den Eltern, Respekt gegenüber Älteren, Familienzugehörigkeit sowie ein starkes Hierarchiebewusstsein, werden von Koreanern häufig, unabhängig von ihrer religiösen Zugehörigkeit, als wichtigste Werte genannt (vgl. Kapitel Konfuzius). Auch die Ahnenverehrung ist kein rein konfuzianisches Ritual, sondern wird von Angehörigen aller Glaubensrichtungen vollzogen. Hierbei gedenken Koreaner mit Opferspeisen der Geister ihrer Ahnen. Zeremonien werden am Todestag, an Neujahr und an Erntedank vollzogen.

Schulen, in denen die Lehren des Konfuzius verbreitet werden, waren in Korea schon immer traditionell in Tempeln integriert. Die wichtigste Einrichtung ist die bereits in der *I*-Dynastie gegründete *Seonggyungwan*, die staatliche konfuzianische Akademie, heute eine Universität. Alljährlich werden konfuzianische Zeremonien nach althergebrachten Traditionen veranstaltet, wie bspw. *Jongmyo Jerye*, die Ehrung der königlichen Vorfahren am *Jongmyo*-Schrein und *Seokjeon Daeje* im *Seonggyungwan*, eine Gedenkzeremonie zu Ehren des Konfuzius, seiner Schüler und anderer bedeutender chinesischer und koreanischer konfuzianischer Gelehrter.

2.8.6   Neuere koreanische Religionen

Die folgenden Religionen *Weon*-Buddhismus, *Cheondogyo*, *Jeungsanggyo* und auch *Daejonggyo* gehören zu den so genannten „neuen koreanischen Religionen".

Weon-Buddhismus

Sotae San (1891–1943), mit bürgerlichem Namen Bak Jung-bin (Park Chungbin) gründete 1924 diese Religionsgemeinschaft, die sich Verein zum Studium des Buddha Gesetzes nannte. Sie proklamierten eine neue Form des Buddhismus, modern und doch authentisch, mit der sie sich von allen anderen buddhistischen Schulen der damaligen Zeit distanzierten. Die Praxis des *Weon* Buddhismus ist eine Mischung aus Meditation und ethischer Lebensführung. Mönchen des *Weon* Buddhismus ist es erlaubt zu heiraten und

Frauen spielen eine aktive Rolle in der Glaubensgemeinschaft. Zu Beginn des 20. Jh.s war dies in Korea revolutionär. Seit 1946 trägt die Gemeinschaft den offiziellen Namen *Weon* Buddhismus. Auch ihre Vertreter engagieren sich in sozialen und karitativen Bereichen durch den Bau von Kindergärten und Pflegeheimen.

Cheondogyo

Die synkretische Religion *Cheondogyo* (Religion des himmlischen Weges) vereint neokonfuzianische, buddhistische und daoistische Elemente miteinander. Gründer Choe Je-u (1824–1864) sah in den Menschen die Verkörperung Gottes. Alle Menschen seien gleich und sollten einander daher mit Respekt und Würde behandeln. Das Ziel der Einswerdung mit dem Himmel könne jeder durch leibliche und geistige Übungen, durch Meditation und Harmonisierung seiner Gedanken und Handlungen mit dem Himmel realisieren. Ursprünglich hieß diese Glaubensrichtung *Donghak* (Östliche Lehre) und sah sich als Gegenbewegung zum aufkommenden Christentum *Seohak* (Westliche Lehre) im 19. Jh. Das Eindringen der westlichen Mächte und ihre Forderung nach Öffnung des Landes empfanden Koreaner als Gefahr; als Verlust der Souveränität ihres Landes und als Bedrohung ihrer bestehenden, altüberbrachten Traditionen. Daher spielt ein Patriotismus, der sozial- und regierungskritisch orientiert ist, bei *Cheondogyo* eine zentrale Rolle. Genährt durch diese Ideologie kam es in den Jahren 1892, 1919 und 1948 zu zahlreichen Aufständen gegen die vorherrschende Regierung und deren Politik. Neben den Protestanten waren auch die Anhänger der *Cheondogyo* Bewegung treibende Kraft beim antijapanischen Aufstand 1919, der blutig niedergeschlagen wurde. Noch in den 1960er Jahren riefen die Anhänger des *Cheondogyo* zum Widerstand gegen die Militärregierung auf, in dem sie sich öffentlich für Demokratisierung, Arbeitnehmerrechte und soziale Gerechtigkeit einsetzten. Heute kämpft diese Religion eher gegen strukturelle Probleme an. Da es in dieser Religion keine hauptamtlichen Priester gibt und eine Spendenkultur gänzlich fehlt, sichern Laienpriester den kirchlichen Betrieb.

Jeungsanggyo

Die von Gang Il-sun (Kang Il-sun) (1871–1909) im Jahr 1901 gegründete Glaubensrichtung vereint ebenfalls Inhalte aus vielen Religionen: Buddhismus,

Konfuzianismus, *Dangun*-Mythologie, dem Christentum u.a. Ähnlich wie im *Cheondogyo* betont diese Religionsrichtung die Gleichheit der Menschen. Sie fordert jedoch eine revolutionäre Veränderung der Gesellschaft.

Daejonggyo
Die *Daejonggyo* wurde 1909 gegründet und beinhaltet starke nationalistische Elemente. Auch sie ist eine synkretische Religion. Der mythologische Gründer des Alt-*Joseon* gilt als Religionsstifter und Träger der höchsten Wahrheit. Während der japanischen Kolonialzeit gingen viele Anhänger aus dieser Religionsgemeinschaft in den aktiven Widerstand. Der 3. Oktober, der heute offizieller Feiertag in Korea ist und als Gründungstag des *Joseon*-Reiches gilt, wurde ursprünglich durch diese Religionsgemeinschaft eingeführt.

2.8.7   Staat und Religion

In Korea wird die Religionsfreiheit durch die Verfassung garantiert. Staat und Religion sind strikt getrennt. Der Staat erlaubt keinen Religionsunterricht in öffentlichen Schulen. Privatschulen mit religiösen Trägerschaften dürfen jedoch Religionsunterricht abhalten. Religiöse Feiertage sind Buddhas Geburtstag, der Tag der koreanischen Staatsgründung sowie Weihnachten. Buddhas Geburtstag wird nach dem Mondkalender gefeiert. Es ist der 8. Tag des 4. Mondmonats und fällt meist auf einen Tag im April oder Mai des gregorianischen Kalenders. Der Staatsgründungstag ist der 3. Oktober und geht wie oben beschrieben auf die Religionsgruppe *Daejonggyo* zurück. Weihnachten wird am 25. Dezember gefeiert. Die Anerkennung dieser Tage als allgemein gültige Feiertage hat keine negativen Auswirkungen auf andere Religionsgruppen. Der Staat zeigt Toleranz gegenüber allen religiösen Gruppierungen und Ausprägungen. Keine Ausnahme gibt es jedoch beim Militärdienst, der für jeden männlichen Staatsbürger verpflichtend ist. Es gibt keine Alternativen für diejenigen, die aus religiösen Gründen den Dienst an der Waffe verweigern. Verweigerer werden zumeist zu Gefängnisstrafen verurteilt. Führer verschiedener Religionsgruppen treffen sich regelmäßig privat oder sogar unter der Schirmherrschaft der Regierung, um gegenseitiges Verständnis und Toleranz füreinander zu fördern. In Korea wird die Ausübung der Religion als persönliche Angelegenheit betrachtet und der persönliche Glaube eines anderen Menschen toleriert.

2.9   Koreanische Sprache und Schrift

Die koreanische Sprache ist eine agglutinierende Sprache, die nicht mit der chinesischen Sprache verwandt ist. Durch die mehr als zweitausendjährige enge Bindung zu China ist dennoch etwa 60 Prozent des koreanischen Wortschatzes vom Chinesischen abgeleitet. Die japanische Sprache ähnelt dem Koreanischen grundlegend in der grammatikalischen Charakteristik. Allerdings haben die beiden Sprachen sehr wenige Elemente des Grundvokabulars gemeinsam, so dass hier eine Sprachverwandtschaft eher zweifelhaft ist. Viele Sprachwissenschaftlicher vertreten die Ansicht, dass die koreanische Sprache zu den sogenannten Altaischen Sprachen gehört. Dazu zählen Ungarisch, Finnisch, Türkisch und Mongolisch.

Den Auftrag zur Entwicklung einer eigenständigen koreanischen Schrift erteilte im Jahre 1443 König Sejong. Er war der Ansicht, dass eine Alphabetisierung des Volkes nur durch eine neue Schrift möglich sei. Viele literarische Werke waren bis zu diesem Zeitpunkt in rein chinesischer Schrift verfasst und somit einer Mehrheit der Bevölkerung nicht zugänglich. Die chinesische Schrift eignet sich nur bedingt zur Wiedergabe der koreanischen Sprache. Es existierten zwar Schriften, die auf Basis der chinesischen Zeichen entwickelt wurden – die sogenannten *Idu*, *Hyangchal* oder *Kugyeol* – aber keine konnte sich durchsetzen.

Nach dreijähriger Entwicklungszeit wurde 1446 das Schriftsystem *Hangeul* in dem Schriftstück *Hunminjeongum* (deutsch: Die richtigen Laute zur Unterweisung des Volkes) veröffentlicht. Bis ins 19. Jh. wurde Hangeul als reine Frauenschrift und Schrift des niederen Standes von Gelehrten und der Elite des Landes verachtet. Um ihren Standesunterschied zu demonstrieren, hielten sie an der chinesischen Sprache auch noch lange nach der Erfindung des *Hangeuls* fest. Bis heute werden chinesische Zeichen in Zeitungen und Büchern verwendet, um die Bedeutung einzelner sinokoreanischer Wörter und Begriffe zu verdeutlichen.

Das *Hangeul* in seiner heutigen Form besteht aus 14 Grundkonsonanten und zehn Grundvokalen. Drei der ursprünglich 27 Buchstaben sind im Laufe der Jahre durch Schriftreformen verschwunden. Neben diesen 24 Grundbuchstaben gibt es zahlreiche, zusammengesetzte Konsonanten und Vokale. Die Buchstaben werden silbenweise zusammengeschrieben. Das Prinzip von *Hangeul* ist so einfach, dass man innerhalb weniger Stunden Lesen und Schreiben erlernen kann. Die wissenschaftlichen Merkmale und die logische Struktur dieser künstlichen Schriftsprache sind weltweit anerkannt. So wurde sie von der Oxford-Universität zum besten Schriftsystem der Gegenwart erklärt. Die UNESCO hat Hangeul im Jahre 1997 zum Weltdokumentenerbe erklärt und verleiht jährlich am *Hangeul*-Tag, dem 9. Oktober, den „König-Sejong-Preis" an Menschen, die sich gegen den Analphabetismus engagieren.

2.9.1 Die Romanisierung der koreanischen Sprache

Es existieren zahlreiche Umschriftsysteme zur Romanisierung der koreanischen Sprache. Diese fehlende Standardisierung führte unter Nicht-Koreanern eher zu Verwirrung. Vor dem Jahr 2000 galt das System McCune-Reischauer als das offiziell anerkannte Transkriptionssystem. Um dieses an sich gut aufgebaute System richtig anwenden zu können, muss man jedoch zahlreiche Regeln beherrschen. Erschwerend kommt hinzu, dass es für die Darstellung der zahlreichen Vokale in diesem System eigene Sonderzeichen gibt, was dazu führt, dass Wörter von Laien falsch ausgesprochen werden.

Im Jahr 2000 verabschiedete die koreanische Regierung ein neues, offizielles Umschriftsystem, das rein auf lateinisierten Buchstaben beruht und ganz ohne Sonderzeichen auskommt.

Tab. 2.7: Beispiele für Transliterationsarten der koreanischen Schrift auf Wortebene

Koreanisch	McCune-Reischauer	Neue Transliteration
부산	P'usan	Busan
대구	Taegu	Daegu
대전	Taejŏn	Daejeon
판문점	P'anmunjŏm	Panmunjeom

Tab. 2.8: Transkriptionsarten der koreanischen Buchstaben

Konsonanten	System von McCune-Reischauer	Neue offizielle Transliteration (2000)
ㄱ	k	g, k
ㄲ	kk	kk
ㄴ	n	n
ㄷ	t,d	d, t
ㄸ	tt	tt
ㄹ	l,r	r, l
ㅁ	m	m
ㅂ	p,b	b, p
ㅃ	pp	pp
ㅅ	s	s
ㅆ	ss	ss
ㅇ	ng	ng
ㅈ	ch,j	j
ㅉ	tch	jj
ㅊ	ch'	ch
ㅋ	k'	k
ㅌ	t'	t
ㅍ	p'	p
ㅎ	h	h
Vokale	**System von McCune-Reischauer**	**Neue offizielle Transliteration (2000)**
ㅏ	a	a
ㅐ	ae	ae
ㅑ	ya	ya
ㅒ	yae	yae
ㅓ	ŏ	eo

ㅔ	e	e
ㅕ	yŏ	yeo
ㅖ	ye	ye
ㅗ	o	o
ㅘ	wa	wa
ㅙ	wae	wae
ㅚ	oe	oe
ㅛ	yo	yo
ㅜ	u	u
ㅝ	wŏ	weo
ㅞ	we	we
ㅟ	wi	wi
ㅠ	yu	yu
ㅡ	ŭ	eu
ㅢ	ŭi	ui
ㅣ	i	i

2.10 Das koreanische Schulsystem

„Don't even step on the shadow of your teacher."

Auch wenn Konfuzius nicht von der allgemeinen Gleichheit der Menschen ausging, vertrat er die Ansicht, dass alle Menschen lernfähig seien und Bildung allen männlichen Jugendlichen durch alle Schichten hinweg zugänglich sein sollte. Zu seiner Zeit war die Bildung lediglich der Oberschicht vorbehalten. Nach konfuzianischer Lehre kann sich der Mensch nur durch Lernen zum idealen Menschentum hin entwickeln, d.h. Lernen führt zu einer zunehmenden „Versittlichung" des Menschen. Das Ziel des Lernens besteht nach Konfuzius darin, eins mit dem Himmel zu werden. Da dieses Ziel jedoch praktisch nicht zu erreichen ist, ist ein lebenslanges Lernen notwendig, um sich diesem Ziel zumindest anzunähern.

In einem konfuzianisch geprägten Land wie Korea wird ein formales Bildungsniveau überaus hochgeschätzt und gilt als eine der wichtigsten Kriterien für den Status des Einzelnen in der Gesellschaft. Ab 958 n. Chr. wurde in Korea das chinesische Auswahlverfahren für Beamte übernommen. D.h. die Vergabe der Ämter geschah nicht mehr nach Geburt und ererbtem Status, sondern nach Bildungsqualifikation und erfolgreicher Teilnahme an den Examina. Damit diente der Bildungsweg in der konfuzianischen Gesellschaft dem Zugang zu hohen Ämtern, Ehren und Einkünften und war gleichsam Schlüssel zu beruflichem Erfolg. Ein hohes Bildungsniveau ist auch im heutigen Korea Garant für gesellschaftliche Reputation im Sinne von Konfuzius und Zugangsanspruch zu gut bezahlter Tätigkeit und sozialem Aufstieg.

Für ein Land wie Korea, das kaum über natürliche Ressourcen verfügt, sind gut ausgebildete und hochqualifizierte Arbeitskräfte unerlässlich. Das heutige Bildungssystem entstand in den 50er Jahren des 20. Jh.s und basiert auf dem amerikanischen Schulsystem:

6 Jahre Grundschule/Elementary School
3 Jahre Mittelschule/Middle School
3 Jahre Oberschule/Highschool
4 Jahre Universität/University, Undergraduate School (Bachelor's Degree)
2 Jahre Universität/University, Graduate School (Master's Degree)

Seit 1985 ist eine Schulpflicht von mindestens 9 Jahren vorgeschrieben. Die Grundschule dauert 6 Jahre. In Korea gibt es keine gesetzlich vorgeschriebene Kindergarten- oder Vorschulerziehung. Aber ausgenommen von ländlichen Teilen der Bevölkerung werden auch diese Einrichtungen von den meisten Kindern besucht. Kinder ohne Vorkenntnisse können später bei einer durchschnittlichen Schülerzahl von etwa 40 Kindern pro Klasse Nachteile haben. Ein Großteil der Eltern sucht zudem durch die richtige Wahl namhafter Institutionen einen Weg, ihren Kindern bereits früh Vorteile gegenüber anderen zu verschaffen. Im Kindergarten lernen Kinder Lesen und Schreiben, etwas Mathematik und teilweise auch Englisch. Mit 6 oder 7 Jahren kommen sie in die Grundschule. Nach dem Abschluss der Grundschule besuchen sie im Alter von 12–14 Jahren die Mittelschule. Da ohne Oberschulabschluss kaum eine Chance im Berufsleben besteht, besuchen die meisten von ihnen danach die Oberschule. Für den Zugang zu einer der renommierten Schulen ist der Notendurchschnitt aus der Mittelschule mitentscheidend. Oberschulen stehen im Wettbewerb zueinander, da ihre Qualität am Prozentsatz der Graduierten gemessen wird, die den Sprung auf eine der drei besten Universitäten des Landes geschafft haben. Oberschulen setzen unterschiedliche didaktische Schwerpunkte; neben den allgemeinen Oberschulen findet man daher noch Schulen mit fremdsprachlichem Zweig, mit Schwerpunkt Kunst und Naturwissenschaften sowie berufsbildende Oberschulen. Um an einer dieser Schulen aufgenommen zu werden, ist eine zusätzliche Aufnahmeprüfung abzulegen.

Die Mehrheit der Kinder besucht neben dem Schulunterricht sogenannte *Haggweons*; das sind spezielle Lerninstitute, bei denen in kleineren Gruppen der Schulstoff wiederholt und vertieft wird. Diese Nachhilfe-Institutionen sind, anders als in Deutschland, gesellschaftlich anerkannt und ein Besuch gehört zum Alltag. Die Schüler kommen Mittags gegen 16 Uhr, manchmal auch erst gegen 18 Uhr aus der Schule und machen sich kurz darauf für 2 oder 4 Stunden auf den Weg zu diesen Instituten. Auch am Wochenende oder in den Ferien bieten diese Institute zusätzliche Unterrichtseinheiten an.

In koreanischen Schulen ist die Form des Frontalunterrichtes gängige Praxis zur Vermittlung von Lerninhalten. Die Schüler hören aufmerksam den Ausführungen des Lehrers zu und versuchen alles mitzuschreiben. Der Inhalt wird anschließend wiederholt, denn in den Ausführungen der Lehrkraft stecken all die Antworten, die später in schriftlicher Form abgefragt werden. Die meisten Prüfungen sind in Form von Multiple-Choice konzipiert. Gelernt wird durch ständiges Wiederholen und Auswendiglernen. Schüler sind angehalten, die vorgegebenen Antworten des Lehrers zu reproduzieren. Der Weg zu einer eigenständigen, analytischen Vorgehensweise wird nicht vermittelt.

Suneung steht für die sogenannte schulische Abschlussprüfung der Oberschule und markiert gleichzeitig die Eintrittsprüfung für die Universität. Die Mehrzahl der Eltern streben für ihre Kinder den Universitätsabschluss an, da er als Voraussetzung für eine gute Anstellung gilt. Landesweit findet die Abschlussprüfung einheitlich am gleichen Tag für alle Oberschüler statt. An diesem Tag herrscht Ausnahmezustand in Korea. Die Büros beginnen ihre

Arbeitszeit gegen 10 Uhr, um mögliche Verkehrsstaus zu vermeiden, wo-
durch die Kinder zu spät zur Prüfung erscheinen könnten. Viele Eltern, besonders Mütter, warten vor den Schulen und beten für ihre Kinder. Im *Suneung* wird das schulische Wissen (ausgenommen im Fach Mathematik)
ausschließlich durch Multiple-Choice-Verfahren abgefragt. Geprüft wird der
gesamte Schulstoff der drei Oberschulklassen. Die erreichten Punktzahlen in
den einzelnen Fächern bestimmen, an welcher der Universitäten man studie-
ren kann. Erklärtes Ziel der ambitionierten Prüflinge ist der Eintritt auf eine
der begehrten Eliteuniversitäten. Für Ansehen und zukünftige Karriereent-
wicklung ist entscheidend, welche Universität besucht wurde, nicht der eigentliche Hochschulabschluss. Erwartungen und Hoffnungen der Eltern
lasten häufig schwer auf den Kindern. Immer wieder kommt es zu Suizid-
versuchen unter Teenagern, die aufgrund des sozialen Druckes das Gefühl
haben, die Erwartungen ihrer Eltern nicht erfüllen zu können.

Das *Suneung* mit seinen Multiple-Choice-Verfahren mag, verglichen mit
deutschen Prüfungsmodalitäten und Standards, ungeeignet erscheinen. Diese rein Fakten orientierte Prüfung wird in Korea jedoch als gerecht und für
die zeitnahe Auswertung einer so großen Anzahl an Prüfungsergebnissen
als zielführend angesehen. Benotung von schriftlichen Aufsätzen zu ausge-
wählten Themen oder gar Empfehlungen durch Lehrer als Bestandteil des
Universitätsaufnahmeverfahrens stünden einer objektiven Beurteilung er-
brachter schulischer Leistungen im Weg. Ein neutrales Ergebnis könnte nicht
mehr garantiert werden. In einem Land wie Korea, in dem das gesellschaftliche Beziehungsgeflecht von gegenseitiger Hilfe durch Gefälligkeiten lebt,
könnte es zu Bevorzugungen privilegierter Schichten kommen. Das Multiple-Choice-Verfahren lässt eine subjektive Beurteilung nicht zu und erscheint
den Koreanern daher als die einzig faire Methode.

Auf ihrem weiteren Bildungsweg durchlaufen Koreaner nach Eintritt in die
Universität, oder der allgemeinen Hochschule, ein Studium über vier Jahre
mit Bachelor-Abschluss. Anschließend haben sie die Möglichkeit, in einem
zweijährigen, weiterführenden Studium den Master-Abschluss zu erwerben.
Neben diesen allgemeinen Hochschulen gibt es die sogenannte *Jeonmundae*,
eine Art „Fachhochschule", mit zweijähriger Studiendauer und fachspezifi-
scher Ausrichtung. Studiengebühren werden überall erhoben, wobei der
Besuch einer privaten Hochschulen kostspieliger ist als der einer staatlichen

Einrichtung. 2008 mussten Studenten für ein Studium an der *Seoul* National University, eine staatliche Universität, durchschnittlich 3.730 US$ Jahresstudiengebühr für ein Undergraduate Studium entrichten. Für ein Graduate oder Postgraduate Studium zahlten Studenten durchschnittlich 4.893 US$. Private Universitäten sind deutlich teurer. So lagen die Gebühren an der Korea Universität durchschnittlich bei jährlich 7.662 US$ für ein Undergraduate beziehungsweise bei 11.099 US$ für ein Graduate/Postgraduate Studium.[5]

Im Jahre 2007 setzten 84 Prozent der koreanischen Schulabgänger ihre Ausbildung auf einem College oder einer Universität fort. Damit liegt Korea klar über dem OECD-Durchschnitt von 50 Prozent.

Ein tadelloser Bildungsweg führt in Korea zu gesellschaftlichem Aufstieg und Ansehen des Individuums und dessen Familie. Insbesondere Eltern profitieren stark von den Leistungen ihrer Kinder, ihr Ansehen und ihre soziale Stellung steigen. Somit ist das Lernen keine persönliche Angelegenheit des Einzelnen mehr, sondern betrifft die gesamte Familie. Eltern, insbesondere Mütter, sind stark bei der Wahl des Ausbildungsweges ihrer Kinder involviert. Durch enge Abstimmung zwischen Müttern und Lehrern werden die schulischen Leistungen der Kinder genau kontrolliert.

Koreanische Eltern sind bereit, viel Geld in die Ausbildung ihrer Kinder zu investieren. Die zusätzlichen Kosten für außerschulische Bildungsaktivitäten, wie bspw. die oben erwähnten *Haggweons,* sind enorm.

2.11 Stellung der Frau in der koreanischen Gesellschaft

Gemäß der konfuzianischen Vorstellung ist die Rolle der Frau auf das Haus beschränkt. Ihre Aufgabe ist es, sich in erster Linie um den Haushalt und die Kinder zu kümmern und ihren Ehemann zu unterstützen. In der heutigen koreanischen Gesellschaft können und wollen sich die Frauen nicht mehr nur mit diesen Aufgaben begnügen. Die Eltern unterscheiden nicht zwischen

---

[5] Quelle: http://www.topuniversities.com/schools/data/school_profile/default /seoulnationaluniversity.

Söhnen und Töchtern, wenn es um eine gute Ausbildung für die Kinder geht. So durchlaufen koreanische Frauen eine vergleichbare Ausbildung wie Männer. Früher sollte eine gute Ausbildung der jungen Frauen dazu dienen einen „standesgemäßen" Heiratspartner zu finden. Heute müssen und wollen viele Frauen auch nach der Heirat und Entbindung der Kinder beruflich weiterhin tätig sein. Die Lebenshaltungskosten in Korea gehören zu den höchsten weltweit und viele Familien können sich einen gewissen Lebensstandard nur leisten, wenn beide Partner arbeiten. Laut OECD-Bericht war die Geburtenrate von Südkorea im Jahre 2005 die niedrigste aller OECD-Länder. Auf Frauen im Alter von 15 bis 49 Jahren kamen durchschnittlich 1,1 Kinder. Es gibt zahlreiche sogenannten DINK- (Double Income No Kids) Familien.

Das traditionelle Rollenverständnis der Frau findet sich jedoch noch in vielen koreanischen Köpfen, durchaus nicht nur in den männlichen. Wenn sich ein Ehepaar scheiden lässt, wird die Schuld meist der Frau angelastet, denn es ist ja (traditionell) ihre Aufgabe, die Familie zusammen zu halten. Geschiedene Frauen sinken im gesellschaftlichen Ansehen, häufig gelten sie dann als „schwierig". Mit diesem Makel finden sie schwer einen neuen Partner. Für Männer trifft dies nicht zu, und sie haben weniger Probleme, sich ein zweites Mal zu verheiraten. Trotz der gegenwärtig hohen Scheidungsrate ist das „Heiraten" in keinem anderen Land so ein wichtiges Thema wie in Korea. Für einen Koreaner gibt es keine traurigere Vorstellung als die, im Alter ohne Familie zu sein. Gruppenorientierung und Familie sind zentrale Werte in der koreanischen Gesellschaft. Die jungen Frauen wachsen mit dieser Wertvorstellung auf und wünschen sich durchaus eine Familie. Nur die Wunschvorstellungen der potentiellen Ehepartner unterscheiden sich häufig von der traditionellen Sichtweise. Südkoreanische Männer müssen heutzutage nicht nur eine gute Anstellung haben und so in der Lage sein, ihrer Familie ein angemessenes Leben zu ermöglichen, sondern müssen ihre Frauen als gleichgestellten Partner akzeptieren und im Haushalt ihren Anteil leisten. Leider treffen die Erwartungen der Frauen nach der Heirat häufig nicht ein, da zum größten Teil berufsbedingt, der Mann nicht viel Zeit Zuhause verbringen kann. Da ein Zusammenleben vor der Heirat in der koreanischen Gesellschaft nicht akzeptiert wird, ist eine „Ehe auf Probe" nicht möglich. So haben berufstätige Frauen häufig unter der Doppelbelastung zu leiden, da heutzutage die Existenz der Großfamilie immer mehr abnimmt und die Entlastung durch die Großeltern z.b. in der Kinderbetreuung wegfällt. Wie sehr noch das traditionelle Rollenverständnis vorhanden ist, konnte man während der Asienkrise sehen. Als die Arbeitslosenzahlen stiegen, wurden Stimmen laut, dass Frauen kündigen sollten, damit die Männer ihre Arbeitsplätze behalten konnten. Da Männer als Haupternährer der Familien gesehen werden und auch sich selbst in dieser Rolle wahrnehmen, traf dieser Aufruf bei vielen auf Verständnis. Im Jahre 2005 waren 52,5 Prozent der koreanischen Frauen erwerbstätig. Das liegt unter dem Durchschnitt von 56,1 Prozent aller OECD-Länder. Gründe dafür sind Unternehmen, die an rigiden Arbeitszeiten festhalten und nicht familienfreundlich denken. Es gibt kaum Möglichkeiten für Mütter, in Teilzeit zu arbeiten. Das könnte sich in Zukunft ändern, denn Frauen beginnen wichtige Posten in der Politik zu besetzten. Mit Han Myung-sook wurde erstmals im April 2006 der Posten des Ministerpräsidenten mit einer Frau besetzt. Die Tochter des früheren Präsidenten Park Chung-hee, Park Gun-hye, war lange Jahre die Vorsitzende der jetzigen Regierungspartei GNP. Bei den Wahlen zum Präsidentschaftskandidat im Jahre 2007 unterlag sie gegen den gegenwärtigen Präsidenten Lee Myung-bak.

Seit 1987 gibt es das Gleichheitsgesetzt, das Frauen die gleichen Rechte in der Arbeitswelt einräumt. Dank einer steigenden Frauenquote scheint dies zumindest in der Politik langsam realisiert zu werden. In der Wirtschaftswelt sieht die Realität dagegen anders aus. Nach wie vor gibt es in Grossunternehmen nur wenige weibliche Führungskräfte. Frauen verdienen bei gleicher Arbeit weniger als ihre männlichen Kollegen, und Letztere werden bei Beförderungen häufig bevorzugt. Der Einkommensunterschied zwischen männlichen und weiblichen Arbeitskräften war im Jahre 2004 mehr als doppelt so hoch wie der OECD-Länderdurchschnitt. Frauen, die in traditionellen koreanischen Unternehmen arbeiten und an die Grenzen des Fortkommens stoßen, wechseln häufig zu ausländischen Firmen oder machen sich selbständig.

2.12   Arbeitszeit

Nach dem ersten Blick in die koreanische Arbeitswelt berichten deutsche
Besucher mit Staunen über die langen Arbeitszeiten. Auf den zweiten Blick
kommen Sie jedoch zu dem Schluss, dass in Korea die Zeit der Anwesenheit
in der Firma nicht gleichzusetzen ist mit der geleisteten Arbeitszeit. Die
durchschnittliche, wöchentliche Arbeitszeit in Korea betrug im Jahre 2007,
nach einem Bericht des Nationalen Statistikamtes, 47,1 Stunden. In den großen Firmen gelten die Fünf-Tage-Woche und 40 Stunden Arbeitszeitrege-
lung. Diese Vorgaben werden jedoch nicht immer eingehalten. Von koreanischen Mitarbeitern wird erwartet, dass sie im Bedarfsfall bereit sind, jederzeit Überstunden zu leisten. Es wird auch nicht gerne gesehen, wenn jüngere
Mitarbeiter abends vor ihrem Chef die Firma verlassen. So kann man davon
ausgehen, dass Koreaner wesentlich mehr Zeit in den Unternehmen
verbringen. Sie arbeiten in manchen Fällen auch an den Wochenenden. Andererseits wird es durchaus akzeptiert, wenn ein Mitarbeiter während der
Arbeitszeit Besorgungen oder Arztbesuche macht. Die Firma ist für die meisten Koreaner nicht nur ein Ort, an dem man seine Fähigkeiten zur Verfügung stellt und dafür entlohnt wird, sondern er ist ein zweites „Zuhause".
Daher werden die Gespräche auf dem Gang mit Kollegen oder auch die häu-
figen Überstunden als selbstverständlich angesehen. Lange Arbeitszeiten
werden von Mitarbeitern akzeptiert, da diese auch eine gewisse Flexibilität
bieten. Allerdings müssen die Chefs die geleisteten Überstunden auf angemessene Weise honorieren, z.B. indem sie die Mitarbeiter zum Essen einla-
den. Ansonsten riskieren sie den Unmut der Mitarbeiter. Der Wert der Freizeit nimmt auch in Korea zu. Besonders die jüngere Generation wünscht sich
mehr Freizeit und Urlaub und möchte diese nicht mehr mit den Mitgliedern
der Firma verbringen.

3   Was ist Kultur?

Das Wort Kultur stammt von dem lateinischen Wort cultura ab und bedeutet „Bearbeitung", „Anbau", „Bebauung" von Ackerland. Darüber hinaus beschreibt der Begriff die geistigen und materiellen Leistungen, die der Mensch aus der vorgegebenen Natur erschafft. Daher wird in den meisten westlichen Sprachen der Begriff „Kultur" synonym für das Wort „Zivilisation" gebraucht und zielt auf die sogenannte „schöngeistige Kultur" ab; Bereiche wie Bildung, Kunst und Literatur. In der Kulturwissenschaft geht die Definition des Begriffes „Kultur" jedoch weit darüber hinaus und beschreibt Ursprung und Umgebung des menschlichen Denkens und Handelns. Diese Definition wurde u. a. von dem Niederländer Geert Hofstede, einem der Pioniere zum Thema Interkulturelle Kommunikation, geprägt. Hofstede bezeichnet Kultur als: „kollektive Programmierung des Geistes, welche die Mitglieder einer Gruppe oder Kategorie von Menschen aus anderen Gruppen oder Kategorien unterscheidet." Der Kulturbegriff nach Hofstede umfasst nicht nur Tätigkeiten, die den Geist verfeinern, sondern beinhaltet auch gewöhnliche und alltägliche Dinge wie bspw. Essen, gegenseitiges Grüßen, aber auch das Wahren von physischer Distanz zu anderen Menschen etc. Kulturelle Prägung bzw. kollektive Programmierung wird nicht per se vererbt, sondern durch beständiges Lernen erworben und beginnt bereits in frühester Kindheit innerhalb der Familie. Sie wird später in verschiedenen sozialen Umgebungen, z.B. Kindergarten, Schule, Jugendgruppe etc. fortgesetzt.

Der US-amerikanische Anthropologe und Soziologe Clyde Kluckhohn geht davon aus, dass jeder Mensch wiederum drei Ebenen der mentalen Programmierung, d.h. drei Kulturebenen, besitzt. Es gibt die unterste Ebene der menschlichen Natur, die alle Menschen gleichermaßen besitzen. Diese haben wir mit unseren Genen geerbt. So hat jeder Mensch die Fähigkeit, Angst, Liebe, Freude, Traurigkeit etc. zu empfinden. Hierzu gehört auch das physi-

sche Verlangen nach Nahrung. Die zweite Ebene ist gruppen- oder katego-
riespezifisch. Diese Ebene besitzen nur die Mitglieder einer Gruppe oder
Kategorie. Durch ihre besonderen Merkmale unterscheiden sie sich von anderen. Diese Ebene betrifft die erlernten Bereiche wie Sprache, Werte, Normen, Tradition, Essen, Kleidung etc. Die nächste Ebene umfasst die Persön-
lichkeitsmerkmale des einzelnen Individuums. Diese Ebene teilt man nicht
mit einem anderen Menschen. Sie ist sowohl genetisch beeinflusst als auch
Ergebnis individuell gesammelter Erfahrungswerte und Bildung.

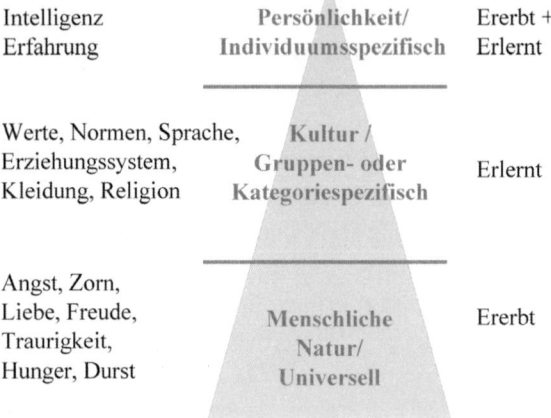

| Intelligenz | Persönlichkeit/ | Ererbt + |
| Erfahrung | Individuumsspezifisch | Erlernt |

Werte, Normen, Sprache,	Kultur /	
Erziehungssystem,	Gruppen- oder	Erlernt
Kleidung, Religion	Kategoriespezifisch	

Angst, Zorn,		
Liebe, Freude,	Menschliche	Ererbt
Traurigkeit,	Natur/	
Hunger, Durst	Universell	

Abb. 3: Kulturebenen, Modell nach C. Kluckhohn
Quelle: Kim Hiyoul, Koreanische Geschichte. Einführung in die koreanische Geschichte von der Vorgeschichte bis zur Moderne, Cheju 2005.

Das Wechselspiel der verschiedenen Ebenen gestaltet sich dynamisch und
verändert sich je nach Situation und Einfluss von außen. Koreaner, die lange
Zeit im Ausland verbracht haben, verhalten sich in manchen Situationen
vielleicht nicht „typisch koreanisch". Entsprechend der Prägung auf dritter
Ebene durch die gesammelten Erfahrungen mit Ausländern werden sie sich
anders als die meisten Koreaner verhalten. Europäer berichten, dass sie mit
Koreanern, die in Europa leben und arbeiten, viel besser zurecht kommen,
als mit Koreanern in deren Heimatland. Schafft man jedoch einen anderen
Kontext und versetzt diese Auslandskoreaner in ihre soziale Umgebung in
Korea, kann deren Verhalten in der gleichen Situation wiederum völlig an-

ders und „typisch koreanisch" sein. D.h. sie sind in der Lage, ihr Verhalten der jeweiligen Situation, beteiligten Personen und Kultur anzupassen. Konfrontiert mit einer anderen, fremden Kultur werden Unterschiede durch das Individuum schnell wahrgenommen, verarbeitet und teilweise sogar adaptiert. Beispielsweise das Benutzen von Essstäbchen anstelle von Messer und Gabel durch Europäer, die eine längere Zeit in Asien verbringen. Diese sichtbaren Aspekte stellen allerdings nur einen kleinen Teil der gesamten fremden Kultur dar. Anhand eines Eisbergmodells lässt sich dies gut verdeutlichen. Das unmittelbar sichtbare bzw. wahrnehmbare befindet sich oberhalb der Wasseroberfläche, während sich der wesentlich größere, unsichtbare Teil des Eisberges unterhalb befindet. Übertragen auf den Kulturbegriff heißt dies; der unsichtbare Teil stellt die kulturellen Werte und Normen dar, die das menschliche Denken und Handeln innerhalb einer kulturellen Gruppe bestimmen und somit das Verhalten beeinflussen. Werte beschreiben die Auffassung einer Kultur über Gut und Böse und formulieren einen entsprechenden Verhaltungskodex. Wenn wir mit unseren eigenen Wertevorstellungen das Verhalten von Menschen aus einer anderen Kultur beurteilen, ohne die bestimmenden Werte der anderen Kultur zu kennen, kann es leicht zu Fehlinterpretationen und einer negativen Wertung kommen.

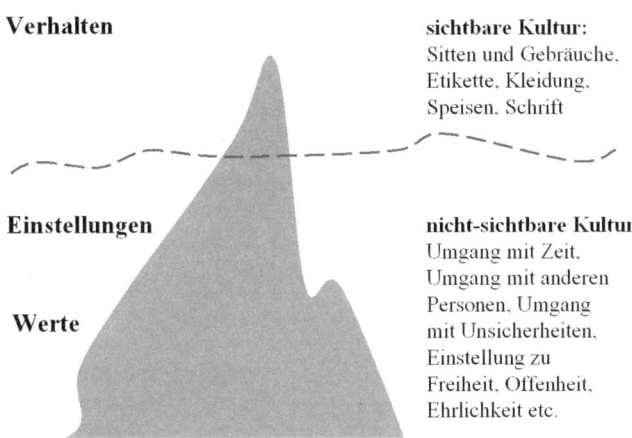

Verhalten

sichtbare Kultur:
Sitten und Gebräuche,
Etikette, Kleidung,
Speisen, Schrift

Einstellungen

Werte

nicht-sichtbare Kultur:
Umgang mit Zeit,
Umgang mit anderen
Personen, Umgang
mit Unsicherheiten,
Einstellung zu
Freiheit, Offenheit,
Ehrlichkeit etc.

Abb. 4: Eisbergmodell
Quelle: Kim Hiyoul, Koreanische Geschichte. Einführung in die koreanische Geschichte von der Vorgeschichte bis zur Moderne, Cheju 2005.

Höflichkeit im Umgang miteinander wird in allen Kulturen geschätzt. Viele Missverständnisse entstehen jedoch aus einer kulturbedingten Ausprägung.

Ein Beispiel

Ein deutscher Gast lehnt das Angebot etwas zu Trinken ab, weil er keinen Durst hat. Er ist ehrlich. In Deutschland würde man es als aufdringlich und unhöflich empfinden, wenn der Gastgeber ihm trotzdem etwas hinstellen oder weitere Male etwas anbieten würde.

Ein koreanischer Gast lehnt das Angebot etwas zu Trinken ab, weil es in Korea höflich ist, das erste Angebot abzulehnen. Er will dem Gastgeber keine Umstände machen. Ist er durstig, hofft er auf eine zweite Aufforderung. Jeder Koreaner weiß um diese höfliche Geste. Daher wird ein koreanischer Gastgeber dem Gast mehrmals etwas zu trinken anbieten oder unaufgefordert etwas bereitstellen. Denn es gilt in Korea auch als unhöflich, einen Gast nicht zu bewirten.

Was sind die Folgen der kleinen Szene oben? Ein deutscher Gast würde sich von einem koreanischen Gastgeber bevormundet und nicht ernst genommen fühlen, da er trotz seiner Aussage, er sei nicht durstig, ständig etwas angeboten bekäme. Folge: Er fühlt sich nicht ernstgenommen, der Koreaner setzt sich über seine Aussagen hinweg. Mögliche Wertung: Die Koreaner sind respektlos.

Ein koreanischer Gast dagegen würde sich nicht willkommen fühlen, da ein deutscher Gastgeber in dieser Situation keinen weiteren Versuch unternimmt, ihm etwas anzubieten. Der koreanische Gast bleibt wahrscheinlich durstig bzw. hungrig. Mögliche Wertung: Die Deutschen sind nicht gastfreundlich.

Wie das kleine Beispiel oben zeigt, wäre es in einer interkulturellen Interaktion wichtig, die Wertvorstellung und das damit verbundene, von der Mehrheit dieser Kultur, in der jeweiligen Situation erwartete Verhalten zu kennen, um angemessen darauf vorbereitet zu sein und reagieren zu können. Missverständnisse und eventuelle Konflikte können so vermieden werden. Bei Negativwertungen werden die Aussagen häufig auf die gesamte

Kultur verallgemeinert. „Die Deutschen ..." oder „die Koreaner ...". Dies gilt es zu vermeiden.

Das uns Unbekannte ruft Unsicherheit und Befremden hervor und kann dazu führen, dass wir voreilig das fremde Verhalten negativ beurteilen, ohne die dazugehörigen Gründe für ein solches Verhalten zu hinterfragen. In einer zeitkritischen Arbeitswelt globaler Wirtschaftsverflechtungen, fehlt oft die Zeit, um genau diesen Gründen nachzugehen. Für einen langfristigen interkulturellen Erfolg wäre es jedoch sehr förderlich, sich nicht nur oberflächlich mit der jeweiligen anderen Kultur auseinander zu setzen, sondern auch mit ihren Werten, um das Verhalten der Personen dem Kontext entsprechend nachvollziehen zu können und das eigene Verhalten eventuell darauf abzustimmen. Haben sich erst einmal aufgrund von Missverständnissen negative Emotionen aufgebaut, benötigt die mögliche Aufklärung wesentlich mehr Zeit und Energie.

4 Konfuzius und Konfuzianismus in Korea

Konfuzius ist die latinisierte Form von *Kongfuzi*, Meister *Kong* (551–479 v. Chr.). Geboren wurde er in der Stadt *Qufu*, im Fürstentum Lu, im Südwesten der heutigen Provinz *Shandong* im Nordosten Chinas. Sein Vater, ein Heeresführer, entstammte einem verarmten niederen Adelsgeschlecht und hatte bereits mehrere Töchter von seiner Ehefrau und einen behinderten Sohn mit einer Nebenfrau. Weil er sich einen Stammhalter wünschte, heiratete er im hohen Alter eine junge Frau. Wenige Jahre nach der Geburt seines Sohnes Konfuzius starb er, so dass seine junge Witwe allein den Sohn ernähren und erziehen musste. Konfuzius zeigte schon früh großes Interesse an traditionellen Opferzeremonien. Er erhielt durch seine Mutter und seinen Großvater mütterlicherseits eine fundierte Ausbildung, heiratete mit 19 Jahren und bekam zwei Kinder. Konfuzius war Zeit seines Lebens als Lehrer und Berater tätig und hatte mehrere politische Ämter inne. Als Justizminister im Reich *Lu* unter dem Herzog *Ding* gelang es ihm, für eine gewisse Zeit eine Gesellschaft zu schaffen, in der Ordnung und Moral nach seiner Vorstellung herrschten. Durch Intrige des Nachbarstaates wurde ein Keil zwischen Konfuzius und dem Herzog *Ding* getrieben, so dass Konfuzius sich enttäuscht von *Lu* abwendete und sich auf eine 13 jährige Wanderung mit seinen Schülern begab. Den Lebensabend verbrachte er wieder im Staate *Lu* und verstarb dort im Jahre 479 v. Chr.

Konfuzius lebte während der Östlichen *Zhou*-Zeit (770 v. Chr. bis 221 v. Chr.), einer Epoche, die durch ständige kriegerische Auseinandersetzungen gekennzeichnet war. Die damaligen Staaten führten nicht nur fortwährend Krieg untereinander, sondern mussten das Reich auch vor den kriegerischen Einfällen der Nomadenstämme aus dem Norden verteidigen. In vielen Menschen wuchs der Wunsch nach Stabilität, Ordnung und Harmonie.

Scheinbar förderte das Chaos die Entstehung von verschiedenen philosophischen Denkrichtungen. Diese Zeit wird in China auch die „Zeit der hundert (Philosophen-) Schulen" genannt.

Auch Konfuzius strebte nach einer großen Harmonie innerhalb der Gesellschaft. Harmonie bedeutete für ihn jedoch wesentlich mehr als nur politische Stabilität. Vielmehr verstand er darin Einklang und Eintracht innerhalb der Gesellschaft, getragen durch einen humanistischen Moralkodex. Er glaubte nicht daran, dass allein Gesetze und staatliche Gewalt dieses moralische Streben in den Menschen motivieren konnten. Nur durch eine einheitliche Erziehung jedes einzelnen Mitgliedes der Gemeinschaft sei dieser soziale Wertemaßstab erreichbar. So heißt es in den Analekten des Konfuzius *Lunyu* (Buch II, 3): „Wenn man durch Erlasse leitet und durch Strafen ordnet, so weicht das Volk aus und hat kein Gewissen. Wenn man durch Kraft des Wesens leitet und durch Sitte ordnet, so hat das Volk Gewissen und erreicht (das Gute)". Zitiert von: Willhelm, Richard (Übers. und Hg), Kungfutse: Gespräche – Lun Yü. München 1979, S. 42.

Voraussetzung für eine harmonische Gesellschaft nach Konfuzius ist das Funktionieren der Fünf Beziehungen in der Gemeinschaft und die strikte Einhaltung der hierarchischen Rollenverteilung verbunden mit Rechten und Pflichten.

Tab. 4.1: Das Fünf-Beziehungsmodell

Herrscher	Verantwortung, Loyalität	Untertan
Vater	Verantwortung, Gehorsamkeit	Sohn
Ältere	Toleranz, Respekt	Jüngere
Mann	Verteilung von Aufgabenbereichen	Frau
Freund	Vertrauen, Toleranz	Freund

In diesem Konzept sind Rechte und Pflichten des Einzelnen gegenüber anderen genau definiert. So trägt beispielsweise ein Herrscher die Verantwortung für das Wohlergehen seines Volkes. Im Gegenzug erwartet er Dienste und Loyalität von seinen Untergebenen. In der Familie trägt der Vater die Verantwortung für das Wohlergehen der Familienmitglieder, insbesondere der Kinder. Diese schulden ihm dafür Gehorsamkeit. Älteren Menschen gebührt Respekt, Jüngeren soll man mit Nachsicht und Toleranz begegnen. Frauen und Männer haben nach Konfuzius aufgrund ihrer geschlechtlichen Unterschiede auch verschiedene Aufgaben im täglichen Miteinander. Zwischen Freunden soll Vertrauen und Treue vorherrschen. Das Prinzip der fünf Beziehungen funktioniert jedoch nur, wenn alle Beteiligten sich entsprechend der ihnen auferlegten Rechte und Pflichten verhalten. Ein Beispiel macht dies deutlich:

> „Als Justizminister fängt er (Konfuzius) mit großer Energie an. Ein Vater verklagt seinen Sohn wegen Ungehorsams. Nun ist ja bekanntlich Pietät und Kindlichkeit das Grundprinzip in der Lehre des Konfuzius, und man hätte denken sollen, er werde den pietätlosen Sohn streng bestrafen. Statt dessen nimmt er Vater und Sohn in Haft, ohne sich mit dem Fall weiter zu beschäftigen. Darüber befragt, gibt er zur Auskunft, dass der Ungehorsam dieses Sohnes mindestens ebenso sehr der Fehler des Vaters sei, der es an der nötigen Belehrung habe fehlen lassen. Und erst als der Vater von seiner Klage absteht, lässt er beide frei."
>
> (Zitiert aus dem: Kungfutse: Gespräch – Lun Yü, Diederichs Gelbe Reihe)

Neben dem Prinzip der 5-Beziehungen bilden die vier Grundtugenden die Grundlagen der konfuzianischen Ethik:

> *Jen* verkörpert die Menschlichkeit, Liebe und Güte, das Moralgefühl. Es ist die ultima ratio jeder menschlichen Handlung. *Jen* ist die Tugend, die den Menschen einzigartig macht.
>
> Definiert *Jen* den Ursprung der Menschlichkeit, so umfasst *Li* alle Formen der Konkretisierung und Realisierung von Jen. *Li* ist der Sinn für Richtigkeit, für die moralische Angemessenheit des Verhaltens, für Schicklichkeit. Bezog sich *Li* ursprünglich auf die traditionellen religiösen Riten, dann auch auf weltliche Zeremonien und Rituale, so erweiterte sich der Begriff später auf die ethischen und sozialen Verhaltensregeln, die in den fünf menschlichen Beziehungen zur Anwendung gelangen. In der weitesten Auslegung umfasst *Li* alle Verhaltensweisen, die im Einklang mit den Normen der Menschlichkeit (*Jen*) stehen.

> *Yi*, die Tugend der Aufrichtigkeit und Rechtschaffenheit, ist die Voraussetzung für
> die Entwicklung von *Jen*, denn *Yi* bedeutet zum einen die Fähigkeit, sein Verhalten
> an ethischen und sittlichen Grundforderungen auszurichten. *Yi* bildet zusammen
> mit *Li* den Verhaltenskodex der Menschen.
> Die vierte Grundtugend ist *Chih*, die Einsicht oder sittliche Erkenntnis.
> (Zitiert aus: Maull, Hans W. und Maull, Ivo M., Im Brennpunkt: Korea, München
> 2004, S. 137)

Diese Tugenden sind nach Ansicht von Konfuzius nicht angeboren, sondern erlernbar. Daher spielen Erziehung und Bildung im Konfuzianismus eine große Rolle. Wissen galt als Voraussetzung für Erkenntnis und ethisch-moralische Rechtschaffenheit. Konfuzius forderte Bildung für alle Schichten und nahm selbst auch Schüler auf, die nur über geringe Mittel und Ansehen verfügten.

In seiner Vorstellung von einer idealen Gesellschaft spielt der Monarch bei der Erreichung der Harmonie eine entscheidende Rolle. Im Idealfall ist der Monarch ein „Edler" (chin. *Junzi*), der durch Verinnerlichung der konfuzianischen Tugend zur Weisheit gelangt ist und den Menschen als moralisches Vorbild dient.

Die Tatsache, dass während der *I*-Dynastie (1392–1910) der Neokonfuzianismus zur Staatsideologie erhoben und das gesamte familiäre und gesellschaftliche Leben danach ausgerichtet wurde, hat bis heute nachhaltige Spuren in der koreanischen Gesellschaft hinterlassen. Das Prinzip der Fünf Beziehungen verinnerlichen die Koreaner von Kindesbeinen an. Jeder ist sich über seine genaue Position innerhalb der gesellschaftlichen Hierarchieordnung und der damit verbundenen Aufgaben, Rechte, Pflichten bzw. Erwartungen im Klaren. Im Nachfolgenden sollen Beispiele koreanischer Wertevorstellung und die sich daraus ergebende Denk- und Verhaltensweise beschrieben werden.

5 Das Koreanische Wertesystem

5.1 Respekt vor dem Alter und der gesellschaftlichen Stellung

Gemäß konfuzianischer Überzeugung kommt dem Einzelnen in der Gesellschaft ein unterschiedlicher Rang zu. Durch Geburt besetzt er zunächst eine bestimmte Position innerhalb von Familie und Gesellschaft. Die Fünf-Beziehungen des Konfuzius sehen ihn stets in Interaktion mit anderen Personen, die ebenfalls ihre hierarchisch festgelegte Rolle einnehmen. Verbunden hiermit sind der Stellung angemessene Rechte und Pflichten, die beiden interagierenden Personen bewusst sind. In Korea ist nicht einmal die Beziehung zwischen Freund und Freund gleichberechtigt, denn auch unter Freunden gibt es Altersunterschiede. Das Alter ist eines der Kriterien, die die Hierarchieeinordnung bestimmen. Mit dem Alter verbindet ein Koreaner Lebenserfahrung. Unabhängig von Stand, Position oder Fachkenntnissen bringt man älteren Menschen wegen ihrer reichen Lebenserfahrung und ihrem Beitrag für die Gesellschaft Respekt entgegen. Weitere Kriterien der hierarchischen Bestimmungen sind die Position innerhalb des Unternehmens, Dauer der Betriebszugehörigkeit, Familienstand, das formale Bildungsniveau und die familiäre Abstammung. Der respektvolle Umgang gegenüber Älteren oder Ranghöheren wird schon früh eingeübt. Zunächst innerhalb der Familie und später in anderen gesellschaftlichen Gruppen wie der Schule oder der Firma. Innerhalb der Familie herrscht keine Gleichberechtigung unter Familienmitgliedern wie in einer westlichen Familie. Eltern und ältere Geschwister genießen mehr Rechte. Die anerzogene kindliche Pietät äußert sich zuweilen in absoluter Gehorsamkeit gegenüber den Eltern. Entscheidungen die vom Familienoberhaupt getroffen werden, werden nicht in Frage gestellt. Das Familienoberhaupt ist in der Regel das älteste, männliche Familienmitglied.

Diejenigen, die mehr Rechte für sich beanspruchen können, tragen gegenüber Jüngeren die Verantwortung. So wird die Schuld für ein etwaiges Fehlverhalten von jüngeren Familienmitgliedern nicht allein bei ihnen gesucht, sondern häufig bei den Eltern oder den älteren Geschwistern, da ihnen die Aufsichtspflicht obliegt. Einen Streit unter Geschwistern kann es nach koreanischer Vorstellung nicht geben. Bei innerfamiliären Auseinandersetzungen werden Eltern nicht nach dem Verursacher des Streites suchen, sondern ihre Kinder eher auf ihre Rolle und Pflichten hinweisen. Demnach soll der Ältere gegenüber dem Jüngeren tolerant sein und ein gutes Vorbild abgeben. Der Jüngere hingegen soll den Älteren respektieren und seinen Anweisungen folgen.

Die koreanische Sprache besitzt unterschiedliche semantische Höflichkeitsebenen, die dieses hierarchische System unterstützen. Allgemein spricht man von fünf verschiedenen Ebenen. Bei jeder Interaktion muss das für diese Ebene vorgesehene Instrumentarium aus Sprache und Verhaltensmuster verwendet werden. Für koreanische Eltern gilt es als unakzeptabel, von ihren Kindern beim Vornamen angeredet zu werden. Das würde bedeuten, dass sich die Kinder auf die gleiche Stufe wie die Eltern stellen. Neben Sprache muss auf weitere non-verbale Signale geachtet und die Konvention je nach Kontext eingehalten werden; zu achten ist auf eine bestimmte Körperhaltung, die Reihenfolge beim Sitzen oder Gehen, die Reihenfolge und Modulation beim Sprechen, die semantische Einbeziehung der Höflichkeitsebenen gegenüber dem jeweiligen Kommunikationspartner.

Konfuzius war der Ansicht, dass man das Kernmodell der Gesellschaft, die Familie, in seiner Beziehungsstruktur 1:1 auf andere gesellschaftliche Gruppen übertragen kann. So hat sich dieses Konzept bis in die heutige koreanische Gesellschaft bewahrt. Familienähnliche, hierarchische Strukturen lassen sich in vielen koreanischen Unternehmen wiederfinden. Die Hierarchie ist allgegenwärtig. In Großraumbüros, Meetings oder auch in Autos existieren ungeschriebene, aber allgemeingültige Sitzordnungen gemäß der Hierarchie. Festgelegt ist auch, wer wann sprechen und wer in welcher Reihenfolge einen Raum betreten darf. Wie in der Familie werden die „Höheren" respektiert und ihre Anweisungen befolgt. Entscheidungen, die auf höherer Ebene getroffen werden, werden nicht hinterfragt.

Tipp: Finden Sie den Status Ihres Interaktionspartners heraus (z.B. durch Vorabfrage der Teilnehmer einer Gesprächsrunde), damit Sie wissen, mit wem Sie es zu tun haben. Sie können dann das Verhalten der interagierenden Personen besser einschätzen und darauf reagieren. Älteren und ranghöheren Personen sollten Sie den nötigen Respekt entgegenbringen. Stellen Sie sich darauf ein, dass Ihnen viele Fragen zu Ihrer Person gestellt werden. Haben Sie mit rangniederen Personen zu tun, etwa koreanischen Mitarbeitern, stellen Sie sich auf eine geringere Eigeninitiative sowie weniger Fragen und Kritik zu Beginn der Zusammenarbeit ein.

5.2   Gruppenzugehörigkeit

Koreaner sind kollektivistisch orientiert. Ein Koreaner definiert sich in erster Linie als Mitglied einer Gruppe. So werden Personalpronomen wie „wir" oder „uns" wesentlich häufiger gebraucht als „ich" und „mein". Es ist auch eher „unsere Firma" und „unsere Familie". Sogar die eigene Ehefrau wird wörtlich als „Unser-Haus-Mensch" (*Uri-jib-saram*) bezeichnet. Der einzelne Mensch, als gesellschaftliches Individuum, hat keine große Bedeutung. Erst sein sozialer Kontext, die Einbindung in Familie, Firma, Schule etc. spiegeln seine Stellung und Bedeutung wieder. Für einen Koreaner ist die Zugehörigkeit zu einer Gruppe daher äußerst wichtig. Zu den wichtigsten gesellschaftlichen Verbindungen, über die sich eine Gruppe definiert, zählen neben Familie bzw. Clan, Schule, Universität, Firma, Militäreinheit auch die Herkunft aus dem gleichen Dorf, der ländlichen Gemeinde oder Region. Die besondere Verbundenheit zu Gruppenmitgliedern zeigt sich in gegenseitiger Unterstützung, in Sympathie, Schutz und Loyalität. Dies wird gleichsam als Verpflichtung angesehen. Für das Weiterbestehen einer Gruppe ist dieser Zusammenhalt äußerst vorteilhaft. Für den Einzelnen bedeutet es jedoch, dass er sich der Meinung, dem Willen und den Wünschen der Gruppe unterzuordnen hat. Die Gruppe als Einheit kommt in ihrer Wertigkeit stets vor dem Individuum. Kleinste und wichtigste Gruppe in Korea ist die Familie. Traditionell bildet die Beziehung zwischen Vater und Sohn den Mittelpunkt. Das Oberhaupt der Großfamilie ist der Vater, so dass koreanische Familien stark patriarchalischen Charakter haben. In westlichen Familien dagegen basiert sie auf der Beziehung zwischen Ehepartnern. Um sie herum bildet sich die Kernfamilie. Für Koreaner gehören zur Kernfamilie nicht nur die Kinder, sondern ebenso die eigenen nahen Blutsverwandten wie Geschwister, Eltern, Tanten und Onkeln, Cousins etc. Die Blutsverwandtschaft reicht formal bis zum achten Grad väterlicherseits und vierten Grad mütterlicherseits und wird in Korea als sehr wichtig erachtet. Daher sind Adoptionen von fremden Kindern selten und Adoptivkinder haben es nicht einfach von der Gesellschaft akzeptiert zu werden.

Koreaner machen einen deutlichen Unterschied im Umgang mit Gruppenmitgliedern und Gruppenfremden. Innerhalb seiner Gruppe wird man von anderen Mitgliedern vollkommen akzeptiert. Man erlebt ein hohes Maß an menschlicher Wärme, an Toleranz und Verständnis. Gegenüber Fremden fühlt man keinerlei Verpflichtungen und Menschen außerhalb der Gruppe erfahren daher wenig Verständnis und Rücksicht. Höflichkeit und Rücksichtnahme sind abhängig von der Gruppenzugehörigkeit und dem Status des anderen. Das Alltagsleben in Korea liefert für dieses Verhalten viele Beispiele; fehlende Rücksichtsnahme auf Verkehrsteilnehmer oder das rücksichtslose Vordrängeln beim Anstellen an Schlangen. Auf der anderen Seite wird eine große Solidarität geübt, wenn es um das Land geht. Während der Asienkrise zeigte sich diese Solidarität beispielsweise durch die Goldspenden aus der Bevölkerung. Gerne zeigt man seine Zugehörigkeit zu einer Gruppe durch Uniform oder Anstecknadel. Dies beginnt bereits im Kindergartenalter. Wie oben erwähnt lässt sich die Idee der Familie und die damit verbundene Gruppenzugehörigkeit und Loyalität auch auf größere gesellschaftliche Gruppe übertragen. Koreanische Firmen versuchen ganz bewusst die „Familien"-Zugehörigkeit zu ihrem Unternehmen zu fördern. Häufig werden die Mitarbeiter oder Kollegen als „Firmen-Familienmitglieder" (*Hoesa-Sikgudeul*) bezeichnet. Dieses Zusammengehörigkeitsgefühl wird durch zahlreiche Maßnahmen gefördert, die dieses Wir-Gefühl noch verstärken sollen; das Tragen von Firmenuniformen, ein sehr umfangreiches Training zu Beginn des Arbeitsverhältnisses, eine firmeneigene Hymne oder eine eigene Sportmannschaft im Wettbewerb mit anderen Firmen sind allesamt förderlich für die Identifikation mit der Firma und Firmenkultur und erhöhen die Loyalität zum Unternehmen.

Tipp: Wenn Sie in Korea geschäftlich mit Koreanern arbeiten, versuchen Sie ein Gruppengefühl zu schaffen. Verdeutlichen Sie immer wieder, dass man ein bestimmtes Ziel als Gruppe erreichen will. Ein Projekt nur mit einer Gemeinschaft aus mehreren Spezialisten realisieren zu können, mag für Deutsche offensichtlich sein, für Koreaner ist das nur bedingt nachvollziehbar, besonders, wenn die internationale Erfahrung fehlt. Für Koreaner ist es wichtig, innerhalb ihrer Gruppe das Gefühl haben zu können, dass sie menschlich anerkannt sind und als Partner gleichberechtigt behandelt werden.

5.3   Gesichtswahrung

In der koreanischen Gesellschaft steht die Harmonie in der zwischenmenschlichen Beziehung stets im Vordergrund der Interaktion. In jeder Kommunikationssituation sind Sender und Empfänger jederzeit bemüht, das eigene Gesicht zu wahren, d.h. eigene Fehler zu vermeiden. Gleichzeitig ist jegliches Verhalten zu unterlassen, das zum Gesichtsverlust eines anderen führen könnte. So müssen Koreaner bereits sehr früh lernen, einerseits eigene Meinungen und Gefühle zu kontrollieren und eventuelle Reaktionen des Gegenübers stets im Voraus mitzubedenken. Darüber hinaus müssen sie zu jedem Zeitpunkt die persönliche Befindlichkeit (Koreanisch: *Gibun*) aller Beteiligten berücksichtigen. Dies hat im alltäglichen Kommunikationsverhalten verständlicherweise Auswirkungen. Zu Beginn einer Bekanntschaft kommunizieren Koreaner sehr vorsichtig und zurückhaltend, bis sie den Status des Gegenübers erfahren und wissen, wie sie mit dem Interaktionspartner kommunizieren müssen. Auf Ausländer der westlichen Hemisphäre wirken Koreaner daher schüchtern, zögernd oder gar unehrlich. In Deutschland gelten Ehrlichkeit und Aufrichtigkeit gegenüber Mitmenschen als wichtige und vertrauensfördernde Eigenschaften. In Korea wird Ehrlichkeit jedoch immer in den situativen Gesamtkontext gestellt, also nie isoliert betrachtet. Offenheit ist nicht angebracht, wenn dies zu Konflikten führen könnte. Wenn sie eine koreanische Floskel wie „annyong haseyo = Guten Tag" anwenden, und ein Koreaner lobt daraufhin ihr Koreanisch, dann meint er weniger, dass Ihr Koreanisch wirklich gut ist. Vielmehr lobt er Ihr Bemühen, etwas auf Koreanisch zu sagen. Damit gibt er Ihnen Gesicht bzw. steigert ihre Befindlichkeit (*Gibun*) im positiven Sinne. Er schafft nach seiner Vorstellung eine bessere Atmosphäre (*Bunuigi*) im zwischenmenschlichen Umgang mit Ihnen. Diese Vorgehensweise wird von deutschen Beteiligten allerdings häufig als übertriebene Schmeichelei oder Unehrlichkeit empfunden. Das Bedürfnis eine positive Atmosphäre zu wahren, geht sogar soweit, dass Koreaner in manchen Situationen uneingeschränkt das sagen, was ihr Gegenüber gerne hören möchte. In so einem Fall sehen sie es als oberstes Ziel an, die zwischenmenschliche Harmonie zu erhalten und einen Konflikt zu vermeiden. Hat man erst einmal jemandem das Gesicht genommen und die zwischenmenschliche Harmonie gestört, ist ein Höchstmaß an Initiative und Energie aufzubringen, um die ursprünglich gute Beziehung wieder herzustellen.

Beispiele hierfür lassen sich im Alltag z.B. im schulischen Kontext finden. Ein Schüler würde es nicht wagen, seinem Lehrer zu widersprechen, auch wenn dieser nachweislich eine falsche Aussage macht, um ihm nicht sein Gesicht zu nehmen. Allerdings ist dieses Verhalten gleichsam stark geleitet von den Konsequenzen, die der Schüler bei einer kritischen Äußerung fürchten müsste.

Im beruflichen Leben ist dieses Verhalten ebenfalls sehr häufig zu beobachten. Von Untergebenen werden Entscheidungen oder Aussagen ihrer Vorgesetzten öffentlich nicht hinterfragt oder kritisiert. Auf Außenstehende wirkt dieses Verhalten manchmal unverständlich. Es erweckt den Anschein, dass der Mitarbeiter entweder keine eigene Meinung hat oder sich nicht traut diese zu äußern, weil er etwa zu schüchtern ist. Überrascht sind Außenstehende dann, wenn sie ihn mal ohne seinen Vorgesetzten erleben und nichts von Schüchternheit mehr zu merken ist.

Es gibt jedoch auch Situationen, in denen das Wahren des Gesichtes anscheinend keine Rolle spielt. Etwa wenn ein Vorgesetzter einen Mitarbeiter in aller Öffentlichkeit kritisiert. Dann kann es unter Umständen sehr laut zugehen. Selbstverständlich verliert der kritisierte Mitarbeiter sein Gesicht. Es wird nur keine Rücksicht mehr darauf genommen. Die Gründe für ein solches Verhalten können unterschiedlich motiviert sein. Nach konfuzianischem Prinzip verliert der Kritiker dabei jedoch auch sein eigenes Gesicht. Für das Fehlverhalten eines Mitarbeiters ist auch er selbst verantwortlich. Öffentliche Kritik eines Mitarbeiters kann dem Vorgesetzten aber auch durchaus als Führungsinstrument dienen, wenn Gespräche unter vier Augen keine erwünschten Ergebnisse gebracht haben.

Tipp: Einen Koreaner öffentlich zu kritisieren, sollte möglichst vermieden werden. Auch eine sachliche Kritik wird von Koreanern sehr persönlich genommen, wenn sie vor anderen vorgebracht wird. Koreaner neigen auch dazu, in solchen Fällen nachtragend zu sein. Es kann dazu führen, dass die Zusammenarbeit verweigert und boykottiert wird. Zum richtigen Zeitpunkt instrumentalisiert kann es einen Koreaner durchaus dazu bewegen, sich kooperativer zu zeigen. Eine Anwendung sollte jedoch genau bedacht sein und nur, wenn vorhergehende Bemühungen keine Wirkung gezeigt haben. Bevor dies geschieht, sollte man sich immer vorher bewusst machen, ob man selbst in der Lage ist, jemanden das Gesicht zu nehmen, ohne das eigene zu verlieren und welche Konsequenzen mögliche Reaktionen nach sich ziehen.

5.4   Beziehungsnetzwerk

Beziehungsnetzwerke sind ein globales, gesellschaftliches Phänomen. Gebraucht man in Deutschland sein Netzwerk als Instrument zur Zielerreichung, wird dies meist als negativ angesehen. Beobachter kommentieren dies meist abfällig als „Nutzen seiner Vitamin B". Beziehungen können in Korea dagegen als das wichtigste „Kapital" eines Koreaners angesehen werden. Durch Beziehungen kann man viel erreichen. Zudem ist dies in Südkorea alltäglich und wird von allen Gruppen gepflegt. Ein Netzwerk lebt von der Interaktion und gegenseitigen Gefälligkeiten zwischen Menschen verschiedener Gruppen; ein Pflegen und Erweitern von bestehenden Beziehungen. So spinnt sich eine Struktur mit unterschiedlichsten Verbindungen zwischen den verschiedenen Gruppen: Familie, Schule, Universität, Heimatdorf, Stadt, Region, Arbeitsplatz u.a. Alle diese Beziehungsnetzwerke wollen gepflegt sein, um erfolgreich genutzt werden zu können. Man trifft seine Beziehungskontakte entweder in regelmäßigen Abständen ganz bewusst oder versucht, auf privater Ebene mit den Leuten aus den verschiedenen Gruppen Kontakt zu halten. Selbst Schulen und Universitäten fördern aktiv den Netzwerkaustausch durch regelmäßig stattfindende Ehemaligentreffen, die regen Zulauf haben. Überfordert von den gruppendynamischen Anforderungen reduziert man jedoch häufig seine Aktivitäten auf eine Prioritätenliste. Kontakte genießen also eine subjektive Wertigkeit, je nach Interessenslage. Häufig bleibt man auch über Dritte in Kontakt mit der Gruppe.

In Korea ist es nicht ungewöhnlich, mit Bekannten, Freunden und natürlich auch mit den eigenen Familienmitgliedern geschäftlich verflochten zu sein. Denn im Geschäftsleben spielt Vertrauen eine gewichtige Rolle. Man ist davon überzeugt, dass Risiken und Konflikte eher vermieden werden können, wenn Geschäfte mit Partnern aus dem eigenen, persönlich bekannten Umfeld getätigt werden. Ist dies nicht möglich, investieren Koreaner viel Zeit und Geld, um den Geschäftspartner in spe persönlich näher kennen zu lernen und eine Beziehung aufzubauen, die über das rein Geschäftliche hinausgeht. Daher gilt: Über die sachliche Ebene hinaus, muss für Koreaner im Geschäftsleben auch die Kommunikation auf persönlicher Ebene stimmen.

Eine strikte Trennung zwischen Beruflichem und Privatem ist nicht gewünscht. Kollegen sind Familienmitglieder, die man kennen muss. Daher ist es auch notwendig, viel Zeit mit ihnen zu verbringen, um dieses Gemeinschaftsgefühl zu stärken. Mit Personen, die man besser kennt und die man mag, werden auch bessere Arbeitsergebnisse produziert. Dagegen investieren Koreaner keine Zeit in offensichtlich nutzlose Beziehungen.

Tipp: Investieren sie Zeit, um Beziehungen aufzubauen und zu pflegen. Nutzen Sie die Informationen und Netzwerke, die in Ihrer Firma über Geschäftspartner vorhanden sind, um sie so besser kennen zu lernen. Geschenke und regelmäßige Kontakte gehören ebenso zur Beziehungspflege wie Gefälligkeiten. Koreaner ziehen es vor, Geschäfte mit Menschen zu machen, die sie bereits kennen. Daher wird investierte Zeit und Mühe langfristig Erfolg bedeuten.

5.5   Loyalität

Loyalität wird in Korea sehr geschätzt. Dieser Begriff unterstreicht einerseits Respekt, Gehorsamkeit und Unterstützung gegenüber hierarchisch übergeordneten Personen. Andererseits schuldet der Ranghöhere im Gegenzug seinem ihm unterstellten Mitarbeiter Schutz, Förderung und Wohlwollen. Idealerweise ist diese Beziehung in den Kontext einer Gruppe gefasst, die eine langandauernde, gegenseitig verpflichtende Beziehung vorsieht. In diesem Zusammenspiel der Gruppenmitglieder wird kein Aufwand und Gewinn gegeneinander aufgerechnet. Dabei wird sehr langfristig gedacht und auch nicht immer auf sofortigen Ausgleich bestanden. Ein Beispiel soll dies verdeutlichen. In Korea ist es unüblich in Restaurants getrennt zu bezahlen. Gehen Menschen unterschiedlicher Hierarchieebenen gemeinsam essen, bezahlt meist der Ranghöchste, da er vermutlich am meisten Geld verdient. Ältere Geschwister geben ihren jüngeren Geschwistern Taschengeld, sobald sie ihr eigenes Geld verdienen oder unterstützen die Eltern beim Aufbringen der Ausbildungskosten für die Jüngeren. Es wird nicht erwartet, dass die Empfänger dies auf die gleiche Art und Weise zeitnah zurückzahlen. Die Jüngeren fühlen sich den Älteren gegenüber verpflichtet, sie zu respektieren und ihnen in anderer Weise durch Gefälligkeiten behilflich zu sein. Liegt kein hierarchischer Unterschied vor, beispielsweise unter guten Freunden, ist es nicht so offensichtlich wer zahlt. Häufig kann man in den Restaurants beobachten, wie zwei Menschen sich an der Kasse (in Korea wird nicht am Tisch gezahlt, sondern an der Kasse) heftig darüber streiten, wer die Rechnung begleicht. Sie werden versuchen, manchmal sogar unter leichtem körperlichen Einsatz, ihr Geld wortwörtlich „los zu werden." Dies ist ein Ritual, um zu zeigen, dass beide Willens sind, in ihre Beziehung zum anderen zu investieren. Letztendlich wird sich derjenige durchsetzen, der an der Reihe ist. Koreaner verabreden sich häufig zum Essen, so wird der „Eingeladene" das nächste Mal die Möglichkeit haben, sich zu revanchieren. Dieses System funktioniert auch, wenn die Gruppe aus mehreren Personen oder wechselnden Konstellationen besteht. Auch wenn über die Ausgaben kein Buch geführt wird, haben die Menschen ein „Gefühl" dafür, wann sie wieder an der Reihe sind. Dabei wird auch nicht auf die exakte Summe geachtet. Missbraucht ein Mitglied der Gruppe diese Loyalität einseitig zu seinen Gunsten, kann dies zu seinem Ausschluss aus der Gemeinschaft führen. Enge und Dauer der Verbindung des Einzelnen mit seiner Gruppe wirken sich auf den Grad der Loyalität aus.

Aus diesem Grund steht selbstverständlich an oberster Stelle die eigene Familie als Gruppe. Der Ausschluss eines Familienmitgliedes ist, im Gegensatz zu jemandem der keinerlei verwandtschaftliches Verhältnis aufweisen kann, weitaus schwieriger. Koreaner legen sehr viel Wert auf Blutverwandtschaft. Die Zugehörigkeit zu anderen Gruppen basiert mehr oder weniger auf „freiwilliger Basis".

Im Berufsleben findet man zwei Arten von Loyalität. Die Loyalität gegenüber anderen Menschen und die Loyalität gegenüber seinem Unternehmen, der Firma, für die man arbeitet. Dies bedeutet zum Beispiel, dass der Mitarbeiter sich seinem Vorgesetzten gegenüber absolut loyal verhält, ihm vollsten Gehorsam leistet, ihn bedingungslos unterstützt und auf keinen Fall öffentlich kritisiert. Häufig ist die Loyalität zum Vorgesetzten deutlich größer als zum Unternehmen. Das kann dazu führen, dass nach einem Wechsel einer Führungskraft zu einem anderen Unternehmen, diesem eine Vielzahl von Mitarbeitern bereitwillig folgt. Loyalität gegenüber Unternehmen findet man dagegen oftmals zwischen Vertragspartnern; z.B. eines Kunden zu seinem Lieferanten. Koreaner können sich bei Auftragsvergabe oder bei Vertragsabschlüssen für ein Unternehmen entscheiden, zu dem bisher ein guter Kontakt bestanden hat, auch wenn dies im Einzelfall finanzielle Nachteile bringt. Für einen Koreaner kann sich ein solches Verhalten durchaus langfristig lohnen. Bei Unternehmen, mit denen man seit vielen Jahren erfolgreich kooperiert, entfällt der zeitliche Aufwand und Invest an Kosten, um Firma und Menschen kennen zu lernen. Eine langanhaltende, positive Geschäftsbeziehung hilft Konflikte und Missverständnisse vermeiden.

Tipp: Bei Verhandlungen sollte die bisherige Zusammenarbeit, sofern sie vorhanden und positiv verlaufen ist, immer wieder betont werden. Koreanern ist bewusst, dass der Aufbau von Partnerschaft und Loyalität viel Zeit und Mühe bedeutet. Bieten Sie Koreanern ihrerseits Hilfe oder Unterstützung an. Selbst wenn diese nicht benötigt wird, zählt der Wille.

5.6   Flexibilität

Einer der Erfolgsfaktoren des koreanischen Wirtschaftswunders ist sicherlich die koreanische Flexibilität. Es ist schon erstaunlich, wie flexibel und spontan Koreaner in ihren sozialen Beziehungen agieren. Grund hierfür ist der vorherrschende Kollektivismus, der sich aus der konfuzianischen Tradition ableitet. Staat und Gesellschaft sollen durch Moral, Menschlichkeit und Tugend gelenkt werden und nicht durch Gesetze. Wichtig sind die Menschen, die das soziale Leben bestimmen, nicht abstrakte, starre Regeln und Normen. Regeln haben in Korea im Vergleich zu Deutschland einen geringeren Verpflichtungsgrad. Sie sind keine starren Richtlinien, die immer gelten, sondern sie sind von Menschen geschaffen und können daher je nach den äußeren Umständen abgewandelt oder angepasst werden. Eine feste Einbindung des Einzelnen in bestimmte Gruppen oder soziale Netzwerke schaffen vielfältige Verpflichtungen, denen der Einzelne nachzukommen hat. Ergeben sich im Alltag Konflikte, kollidieren z.B. Sachaspekte mit sozialen Beziehungen, wird ein typischer Koreaner die Pflege seiner persönlichen Kontakte höher bewerten und entsprechend handeln. Wenn beispielsweise eine hierarchisch höherstehende Person oder auch ein guter Freund aus nachvollziehbaren Gründen Zeit in Anspruch nimmt, wird er seinen Tagesablauf ohne zu zögern ändern.

Ein einmal geplanter bzw. begonnener Handlungsablauf kann von Koreanern bei Veränderung der äußeren Rahmenparameter abgebrochen oder modifiziert werden. Dies ist in anderen Kulturkreisen eher unüblich. In Korea kommt es dadurch jedoch immer wieder zu Unpünktlichkeit, zu kurzfristiger Verschiebung oder zur Absage von Terminen.

Tipp: Planen Sie für Ihre Koreareise genügend Zeit ein. Für Geschäftsgespräche und vor allem Verhandlungen muss man sich bedeutend mehr Zeit nehmen, als es in Deutschland im Allgemeinen der Fall ist. Rechnen Sie mit kurzfristigen Änderungen vom Geplanten und versuchen Sie sich möglichen Änderungen flexibel anzupassen und nicht auf die vereinbarte Agenda zu bestehen. Wenn Änderungswünsche von koreanischer Seite an Sie herangetragen werden, sollten Sie sich diesen gegenüber offen zeigen.

Zeigen Sie eine generelle Bereitschaft zur Flexibilität. Können Sie Änderungswünschen nicht nachkommen, begründen Sie Ihre Ablehnung ausreichend und nachvollziehbar. Um auf die Flexibilität der Koreaner vorbereitet zu sein, muss sich ein Deutscher unter Umständen noch stärker auf Eventualitäten vorbereiten und Alternativen planen.

5.7 Schnelligkeit/Ungeduld

Schnelligkeit und Tempo bestimmen den Arbeitsalltag in den dynamischen Regionen Asiens einerseits. Andererseits gewinnen Nicht-Asiaten oftmals den Eindruck, dass gerade bei Entscheidungsfindungen die Mühlen besonders langsam mahlen. Generell überwiegt jedoch der Eindruck, dass viele Dinge in Korea wesentlich schneller passieren. Sei es der Bau von Strassen oder Gebäuden, die Umsetzung von Maßnahmen oder Serviceleistungen.

Ist die Kaufentscheidung erst einmal gefallen, können es koreanische Kunden nicht abwarten, das besagte Produkt so schnell wie möglich zu besitzen. Der Gedanke, auf ein Auto oder eine Küche mehrere Wochen oder gar Monate warten zu müssen, würde ihnen gar nicht in den Sinn kommen. Noch weniger würden sie es tolerieren. Koreaner legen viel Wert auf Statussymbole. Zudem gehen sie stets davon aus, dass ein paar Monate später neuere Modelle auf dem Markt sein werden, die dann „state of the art" sind. So ist die Floskel „*ppali, ppali* = schnell schnell" stehts in aller Munde. Wenn man also mit koreanischen Kunden zu tun hat, kann der Faktor Zeit von großer Bedeutung sein. Koreaner erwarten bspw. auch eine schnelle Reaktion auf ihre Anfragen. E-Mails mit dem Zusatz „urgent" oder „top urgent" werden inflationär gesendet. Manchmal bekommt ein Deutscher E-Mails mit unverändertem Inhalt in kurzen Abständen geschickt. Hierbei handelt es sich um keinen gewollten SPAM Angriff. Mit dieser scheinbar sinnlosen Wiederholung drückt ein Koreaner die Dringlichkeit aus.

Entscheidungsfindungen können in Korea sehr viel Zeit in Anspruch nehmen, da eine wichtige Entscheidung in der Regel die Zustimmung von mehreren Hierarchieebenen benötigt. Ist eine Entscheidung aber einmal getroffen, erfolgt die Umsetzung wesentlich rascher.

Tipp: Wird auf eine E-Mail mit „urgent" oder „top urgent" Zusatz nicht geantwortet, kann es die Beziehungen nachhaltig belasten. Auch wenn ein Anliegen nicht sofort bearbeitet werden kann, sollte man Feedback über den Erhalt der E-Mail geben und den Partner informieren, dass man sich um die Bereitstellung der gewünschten Informationen so schnell wie möglich kümmern wird. Von Koreanern wird erwartet, dass man sie zeitnah über den Stand der Dinge informiert und nicht erst, nach Abschluss des Prozesses.

5.8   Emotionalität

Koreaner sehen sich selbst als ein warmherziges Volk. Dies wird von Ausländern, die sich längere Zeit in Korea aufhalten bestätigt. Positive Emotionen anderen gegenüber, insbesondere innerhalb der eigenen Gruppe, drücken sich in hoher Hilfsbereitschaft und Verantwortungsbewusstsein aus. Koreaner bezeichnen sich gerne als die Italiener des Ostens. Sicherlich sind einige Parallelen durchaus erkennbar. Da ist zum einen die geografische Ähnlichkeit; beide Länder sind Halbinseln. Des weiteren ist die Esskultur und der Familiensinn hervorzuheben; Italiener wie Koreaner lieben gute, frische Speisen und sind sehr familienorientiert. Was beide Kulturen auch verbindet sind Lebensfreude, Emotionalität und ihr Temperament. Im Gegensatz zur italienischen Kultur verlangt die konfuzianisch geprägte koreanische Gesellschaft die Kontrolle über die eigenen negativen Gefühle, um die gesellschaftliche Harmonie nicht zu gefährden. Ausländer stellen jedoch auch hin und wieder fest, dass Koreaner scheinbar unkontrolliert negative Emotionen eruptiv zeigen, ohne Rücksicht auf die situative Umgebung zu nehmen, in der sie sich gerade befinden. Beispielsweise sind Menschen zu beobachten, die sich in aller Öffentlichkeit heftige verbale Attacken liefern oder sich sogar prügeln. Grund für solch heftige Auseinandersetzungen ist jedoch immer das Überschreiten einer bestimmten Grenze, die es dem Individuum nicht mehr möglich machen, seine Emotionen weiter zu unterdrücken. Beispielsweise ist die Ehre in hohem Maße verletzt worden. Der antrainierte Verhaltenskodex wird fallen gelassen. Die Person reagiert nur noch aus dem Bauch heraus. Aber das Zeigen der negativen Emotionen hängt ab von der Situation und der jeweiligen Position der beteiligten Personen. Ranghöhere können sich solche Ausbrüche eher erlauben, ohne eine direkte Konsequenz zu befürchten.

Tipp: Wenn Ihr Geschäftspartner einen solchen emotionalen Ausbruch an den Tag legt, sind Sie am besten beraten, wenn Sie ihrerseits Ruhe bewahren und nicht sofort darauf reagieren. Sollten Sie mit gleicher Emotionalität reagieren, kann die Situation eskalieren. Geben Sie Koreanern die Möglichkeit, sich z.B. in einer kurzen Pause oder Unterbrechung der Verhandlung wieder zu beruhigen. Nicht selten kommen die Betroffenen an den Verhandlungstisch zurück und sind dankbar, wenn man über den Ausbruch hinwegschaut.

5.9   Nationalismus

Augrund der historischen Schuld, die Deutsche im letzten Jahrhundert auf sich geladen haben, ist das Zeigen nationalistischer Gefühle außerhalb sportlicher Aktivitäten nicht adäquat und politisch nicht korrekt. Deutsche scheuen sich auch nicht, sich gegenüber Fremden schlecht über ihr eigenes Heimatland oder ihre Landsleute zu äußern. Dieses Verhalten ruft bei Koreanern Befremden hervor. Jeder Koreaner ist stolz auf sein Land. Er würde gegenüber Fremden sein Heimatland und seine Landsleute immer verteidigen, selbst wenn sie die kritische Meinung des ausländischen Gesprächspartners eigentlich teilen. Sie fassen Kritik an Korea und Koreanern allgemein als persönliche Beleidigung auf. Der koreanische Nationalismus ist ebenfalls geschichtlich bedingt. Aufgrund der geographischen Lage und seiner verhältnismäßig kleinen Fläche war Korea ständigen Okkupationsversuchen anderer Nationen und Völker ausgesetzt. Größtes Ziel von Koreanern war es immer, die nationale Eigenständigkeit zu bewahren. Besonders die Kolonialisierung und erlittenen Repressalien während der japanischen Besatzungszeit waren für Koreaner traumatisch. Nie wieder sollte Korea unterjocht werden. Das Ziel der nationalen Eigenständigkeit ist gleichsam

Motivation und treibende Kraft, eine weltweit erfolgreiche Nation zu sein und als solche anerkannt zu werden. Besonders in Krisenzeiten verstärkt sich dieser Nationalismus. In Zeiten der Asienkrise wurden Koreaner mit ausländischen Fahrzeugen praktisch zu Staatsfeinden erklärt. Während der Krise 1997/98 lag der Marktanteil aller importierten Fahrzeuge noch unter einem Prozent. Streng genommen kein Grund, diese Fahrer für die wirtschaftlichen Probleme verantwortlich zu machen. Nationale Unabhängigkeit ist für Koreaner emotional besetzt. Staatliche Souveränität leitet ihr Handeln in allen politischen wie wirtschaftlichen Fragen. Korea soll global so aufgestellt sein, dass es international anerkannt ist und ihm in wichtigen internationalen Fragen ein Mitspracherecht eingeräumt wird.

Tipp: Kritik an Korea und Koreanern ist zu vermeiden. Als Außenstehender sollte man sich zudem mit Kritik bezüglich politischer oder sozialer Themen, die Korea betreffen, zurückhalten.

5.10 Der Wandel koreanischer Werte in der heutigen Gesellschaft

Korea hat sich in den letzten 50 Jahren so schnell wie kein anderer Staat von einem Agrarland zu einer Industrienation gewandelt. Diese Entwicklung bescherte dem Land ein höheres Bildungsniveau, eine steigende technologische Entwicklung, die Ausbreitung von Massenkommunikation und eine wachsende globale Mobilität der Bevölkerung. Damit einhergehende Kulturkontakte nach außen führten zum Teil zu starken innergesellschaftlichen Umbrüchen und veränderten die Welt traditioneller Wertvorstellungen. Asienkrise und weltweite Globalisierung verstärkten diese Entwicklung. Hierarchiebewusstsein und Respekt vor dem Alter sind nach wie vor feste Größen in der koreanischen Wertewelt. Aber in der gegenwärtigen Gesellschaft Südkoreas, in der materieller Wohlstand einen hohen Stellenwert einnimmt und die Schnelllebigkeit extrem zunimmt, verliert der Wert des Alters und der Respekt gegenüber älteren Menschen immer mehr an Bedeutung. So ist es nicht mehr selbstverständlich, dass junge Menschen den Älteren in der U-Bahn den Sitzplatz anbieten oder ihnen beim Tragen von Gepäckstücken behilflich sind. Auch innerfamiliär verschlechtert sich ihre Situation. Traditionell übernahm die Familie des ältesten Sohnes die Betreuung der eigenen Eltern. In der heutigen Gesellschaft, in der beide Ehepartner zum Lebensunterhalt beitragen müssen, fühlen sich viele mit der Pflege ihrer Eltern überfordert. Zahlreiche junge Menschen ziehen für einen Job vom Land in die Stadt. Soziale oder karikative Einrichtungen gibt es selten, so dass die Eltern ohne die traditionelle Unterstützung durch ihre Kinder leben müssen. Verstärkt wird diese Entwicklung durch anhaltende, niedrige Geburtenraten. Das alte Konzept der Großfamilie verschwindet zusehends aus der südkoreanischen Gesellschaft und das Familienleben ist nicht mehr bestimmt von den älteren Mitgliedern, sondern konzentriert sich auf die Jüngsten in der Familie.

In koreanischen Unternehmen, besonders in Großunternehmen, wurde seit der Finanzkrise 1997/98 auf Druck ausländischer Investoren versucht, das Senioritätsprinzip aufzubrechen. Diese Bemühungen scheiterten. Ein Holländer schaffte es jedoch in einem ganz anderen Bereich im Jahre 2002 und weckte bei vielen Koreanern Zweifel am bestehenden System. Guss Hiddink, der damalige Trainer der koreanischen Fußballnationalmannschaft, machte bereits zu Beginn seiner Tätigkeit in Korea klar, dass er bei der Auswahl der Spieler für die Nationalmannschaft weder auf das bestehende Hierarchiesystem, noch auf das Günstlingssystem Rücksicht nehmen würde. In einem Interview äußerte er, dass die größte Herausforderung darin bestand, die Hierarchiestrukturen innerhalb der Mannschaft aufzubrechen. Bis dahin war es häufig so, dass ältere und erfahrene Spieler eher zum Zuge kamen. Jüngere Spieler mussten sich innerhalb der Mannschaft auch den älteren unterordnen. Es konnte soweit gehen, dass nicht derjenige das Tor schoss, der am günstigsten zum Tor stand, sondern jemand, der ältere Rechte in der Mannschaft hatte.

Bei der Fußballweltmeisterschaft in Korea und Japan zog die koreanische Mannschaft zum ersten Mal ins Viertelfinale ein und errang den 4. Platz. Nach diesem unerwarteten Erfolg wurde schnell der Ruf nach Adaption laut und man propagierte überall in Korea das „Guus Hiddink-Prinzip": Es sollte derjenige zum Einsatz kommen, der der Aufgabe am Besten gewachsen ist. Guus Hiddink wird seitdem in Korea beinahe wie ein „Gott" verehrt.

Individuelle Freiheit lässt sich nur schwer mit traditioneller Gruppenorientierung und dem Netzwerkgedanken vereinbaren. Der Wunsch nach Selbstverwirklichung sowie nach Urlaub und Freizeit sind individuelle Bedürfnisse, die zunehmend eine Rolle im Leben des Einzelnen spielen. Zwar nehmen Koreaner nach wie vor wenig Urlaub in Anspruch und leisten viele Überstunden. Aber besonders die jüngere Generation hinterfragt die tradierten Muster immer öfter auf Sinn und Nutzen, da für sie das Einhalten vom Wert-konformen Verhalten mehr Verzicht auf individuelle Bedürfnisse bedeutet. Nichtsdestotrotz ist das traditionelle Wertesystem nach wie vor allgegenwärtig und wird von Koreanern gelebt.

6 Kommunikation

Kommunikationsprozesse bieten die Grundlage für zwischenmenschliche Beziehungen. Kommunikation wird definiert als ein Prozess, bei dem ein Sender eine Botschaft in einem bestimmten Code verschlüsselt und sie über einen Kommunikationskanal sendet, um einen Empfänger zu erreichen, der sie entschlüsselt. Eine reibungslose Kommunikation ist also nur dann gegeben, wenn Sender- und Empfänger über die gleichen Codes verfügen. Nur dann erreicht den Empfänger die Botschaft, die der Sender übermitteln wollte. Da Codes kulturspezifisch sind, kann es bei interkultureller Kommunikation, bei der Sender und Empfänger aus unterschiedlichen Kulturen stammen, vermehrt zu Missverständnissen kommen. Ein Code, sei es verbal oder nonverbal, kann in unterschiedlichen Kulturen verschiedene Bedeutungen haben. Ein Beispiel ist das deutsche Wort Arbeit. Wenn Deutsche über die Arbeit sprechen, dann ist in der Regel eine regelmäßige berufliche Tätigkeit gemeint, in der sie ausgebildet wurden. In Korea existiert das Wort „Arbeit" als Fremdwort. Mit „Arbeit" werden Gelegenheitsjobs oder Nebenjobs bezeichnet. Viele Studenten in Korea gehen dieser „Arbeit" nach, um ihr Studium zu finanzieren.

Es wird auf verschiedenen Ebenen kommuniziert. Verbal (mündlich oder schriftlich), nonverbal und paraverbal. Nonverbale Kommunikation beinhaltet Aspekte wie Körperdistanz, Blickkontakt, Gestik und Mimik. Mit der paraverbalen Ebene sind Tonfall, Lautstärke oder auch Gesprächstempo und Pausen gemeint. Die Kommunikation erfolgt auf mehreren sich zum Teil überlappenden Ebenen. Auch hierbei kann es zu Missverständnissen kommen. Ein Beispiel hierfür ist das Nicken der Koreaner während eines Gespräches. Deutsche könnten diese Gestik als Zustimmung zu ihren Aussagen deuten. In Korea ist das Nicken beim Zuhören ein Zeichen der Aufmerksamkeit. Damit signalisiert der Hörende, dass er den Ausführungen folgt.

Mehr nicht. Es heißt weder, dass er den Inhalt verstanden hat, noch dass er damit einverstanden ist.

Edward T. Hall, ein amerikanischer Anthropologe, unterteilt Kulturkreise in Low-Kontext und High-Kontext Kulturen. In Low-Kontext Kulturen, dazu zählt Deutschland, wird auf verbale Kommunikation größter Wert gelegt und daher direkt und verbindlich über diesen Kanal kommuniziert. Die Bedeutung der Aussage liegt in den Wörtern. Man benötigt keine zusätzlichen Informationen, um die volle Bedeutung zu erfassen. Die Kommunikation ist sachorientiert. Aussage und Bedeutung ändern sich kaum, selbst wenn man die beteiligten Personen austauscht. Auf Personen muss in einer Low-Kontext Kultur weniger Rücksicht genommen werden. „Ich kann dir nicht helfen, weil ich keine Zeit habe". Dieser Satz bedeutet in Deutschland vermutlich, dass derjenige dem Fragenden helfen würde, wenn er Zeit hätte.

In High-Kontext Kulturen, zu denen neben Korea auch andere asiatische Länder zählen, ist die Tendenz, sich implizit und indirekt auszudrücken, sehr hoch. Es ist wichtig, auf die beteiligten Personen Rücksicht zu nehmen und deren Gesicht zu wahren. Der Harmoniegedanke innerhalb der Gruppe ist so stark ausgeprägt, dass sich ihm individuelle Bedürfnis unterordnen. So werden ältere oder höherstehende Personen in der Gruppe nicht korrigiert oder kritisiert. Möchte man in einer High-Kontext Kultur die eigentliche Aussage in seiner vollen Bedeutung verstehen, müssen somit neben der verbalen auch die non-verbale und paraverbale Kommunikation, die hierarchische Stellung des Sprechers, die Beziehung zwischen den Interagierenden mit in die Betrachtung einbezogen werden. Zudem können auch Zeitpunkt und Ort eine Rolle spielen. Um auf unseren Beispielsatz zurückzukommen. Benutzt ein Koreaner den Satz „Ich kann dir nicht helfen, weil ich keine Zeit habe", hat dies eine weitreichende Bedeutung. Während es in Deutschland durchaus ein akzeptabler Grund für eine Ablehnung ist, drückt man in Korea damit aus, dass jemand die Zeit nicht wert ist, die man sich dafür nehmen müsste. Folglich kommt es einer groben Abfuhr gleich. Um die Beziehung nicht zu gefährden, würde man die Ablehnung anders formulieren:

- „Ich werde mal sehen, was ich tun kann."
- „Ich helfe Dir gerne, aber vielleicht kennt sich XY in dem Bereich viel besser aus als ich und kann dir eher helfen."

In einer High-Kontext Kultur ist es für einen Außenstehenden schwieriger sich einzugliedern, weil das Wissen über die kulturspezifischen nichtverbalen Aspekte nicht vorhanden ist. Versucht ein Koreaner einem Deutschen diesen Kontext, der für das richtige Verständnis einer Aussage notwendig ist, zu erklären, könnte der Deutsche die Äußerungen als Ausschweifungen und Zeitverschwendung empfinden. Die explizite und direkte Kommunikation der Deutschen könnte jedoch wiederum von Koreanern als zu grob und aggressiv empfunden werden.

Codes sind kulturspezifisch und somit erlernbar. Wichtig ist, seine eigenen kulturimmanenten, verbalen Standards nicht als Grundlage für die Kommunikation mit anderen Kulturen zu nehmen. Kommuniziert man mit Koreanern, dürfen nicht nur die Ohren und Augen eingesetzt werden. Koreaner gehen gerne mit Geschäftsleuten Essen, um zu kommunizieren. Bei Gesprächen kommen dann sogar alle fünf Sinne zum Einsatz. Von Koreanern wird sogar erwartet, dass sie den sechsten Sinn besitzen. Mit dem sechsten Sinn wird vielfach die Fähigkeit bezeichnet, Dinge wahrzunehmen, die nicht mit Sinnesorganen erfassbar sind. Hierzu zählen beispielsweise die Bereiche Telepathie, Hellsehen usw. Im Koreanischen gibt es hierfür den Begriff *„Nunchi"*. Damit bezeichnen Koreaner die Fähigkeit, Veränderungen der Umgebung, der Situation oder der Stimmung der Menschen wahrzunehmen, diese vorher zu sehen und angemessen darauf zu reagieren. Jeder sollte sich möglichst in die Lage des Empfängers versetzen können und mögliche Reaktionen bedacht haben, bevor er eine Aussage macht. Von Koreanern, die hierin außerordentlich geübt sind, sagt man, sie besäßen ein schnelles *„Nunchi."*

6.1 Kommunikation mit Geschäftspartnern

In Korea ändert sich die Kommunikationsart mit dem Vertrautheitsgrad der Geschäftsbeziehung drastisch. Ist das Verhalten anfänglich noch extrem vorsichtig und zurückhaltend, kann es mit der Zeit extrem offen und herzlich werden. Jedes Geschäftsgespräch birgt die Chance einer neuen Freundschaft, auch wenn das Treffen in erster Linie durch das Interesse am Geschäft zustande gekommen ist. Koreaner gehen davon aus, dass eine geschlossene Freundschaft auch nach dem gemeinsamen Geschäft bestehen bleiben wird. Deshalb liegt ihnen viel daran, ihre Geschäftpartner kennen zu lernen. Sie sehen die Person nicht nur in ihrer Funktion als Geschäftsmann, sondern auch als Privatmann und versuchen daher viel Zeit gemeinsam zu verbringen bzw. soviel wie möglich von der Person zu erfahren, weil dies die Sicherheit in der Kommunikation erhöht. Eine freundschaftliche Beziehung ermöglicht es, mögliche Fehler oder Probleme im Geschäft eher anzusprechen, zu verzeihen und zu lösen. Die Toleranzgrenze steigt. Es werden automatisch mehr inoffizielle Gespräche geführt, in denen Informationen ausgetauscht werden, die auch das Geschäft betreffen.

Für eine erfolgreiche Kommunikation mit Koreanern sollten Sie folgende Hinweise beachten:

- Genügend Zeit einplanen, auch um ausreichend Smalltalk zu betreiben.
- Aktives Zuhören praktizieren. Dazu gehört, dass man sich offen und gesprächsbereit gegenüber seinem Gesprächspartner verhält und durch non-verbale Zeichen, z.B. durch das Nicken, anzeigt, dass man aufmerksam zuhört. Man wiederholt die Aussage des Gegenübers, um mögliche Missverständnisse oder Fehlinterpretationen zu vermeiden. Erst nach Bestätigung der Richtigkeit äußert man seine eigene Ansicht.
- Verständnis für den anderen zeigen, indem man sich gedanklich in die Position des anderen versetzt und versucht, in dessen Erfahrungs- und Wertesystem zu denken.

Koreaner praktizieren sehr häufig ein aktives Zuhören. Es ist zwar zeitaufwendig, aber wenn Missverständnisse oder Fehlinterpretationen vermieden werden können, hilft dies Zeit einzusparen und schont die Nerven der Beteiligten. Für Koreaner können häufige schriftliche oder telefonische Kontakte ein persönliches Treffen nicht ersetzen. Es reicht nicht, nur sachliche Informationen auszutauschen. Die persönliche Beziehung muss auch bei einer geschäftlichen Verbindung gepflegt werden.

6.2 Kommunikation innerhalb des koreanischen Unternehmens

Kommunikation innerhalb eines koreanischen Unternehmens unterliegt strengen Regeln. Es ist nicht erlaubt, über mehrere Ebenen hinweg zu kommunizieren. Berichte, Vorschläge, Beschwerden werden an den direkten Vorgesetzen gerichtet. Dieser gibt sie nach Sichtung wiederum weiter an seinen direkten Vorgesetzten usw. Ebenso verhält es sich mit Anweisungen, Kritik und Lob. Auch diese werden vertikal von oben nach unten über die verschiedenen Hierarchiestufen weitergegeben. Wie man sich vorstellen kann, ist dieses Vorgehen sehr zeitaufwendig. Vorteilhaft ist, dass alle Ebenen informiert sind und ihre Zustimmung hierzu gegeben haben. Dies wird auch immer schriftlich durch Stempel oder Unterschrift des jeweils Verantwortlichen dokumentiert. Entscheidungsprozesse sind insofern standardisiert, dass feststeht, wie viele und welche Ebenen jeweils zustimmen müssen. Erst, wenn die Zustimmung aller vorliegt, kann der Auszuführende handeln. Dabei hat er keinen großen Einfluss auf die Entscheidungsträger der jeweiligen Hierarchieebenen.

6.3 Englisch als Kommunikationssprache

Meistens wird zwischen Koreanern und Deutschen auf Englisch kommuniziert. Für beide Seiten ist dies jedoch eine Fremdsprache. Jedoch ist die Ähnlichkeit zur deutschen Sprache wesentlich größer als zum Koreanischen. Folglich ist das Erlernen der englischen Sprache für die meisten Koreaner eine große Herausforderung. Viele deutsche Geschäftspartner führen die vorhandenen Kommunikationsprobleme auf mangelnde Englischkenntnisse der Koreaner zurück. Jedoch urteilt man vorschnell, wenn man damit die Schuld an möglichen Kommunikationsproblemen alleine den Koreanern anlastet. Unzweifelhaft ist, dass mangelnde Sprachkompetenzen durchaus zu Verständigungsproblemen führen können. Warum dieses Phänomen bei Koreanern verstärkt auffällig ist, zeigt ihre Ausbildung. Die meisten Koreaner sind im Schriftlichen wesentlich besser als im Mündlichen. Die große Anzahl der Schüler in koreanischen Schulen lässt nach wie vor eine auf

Konversation ausgerichtete Sprachausbildung nicht zu. Der Schwerpunkt wird auf das Schriftliche, insbesondere auf Grammatik und Satzbau gelegt.

Inzwischen hat man in Korea, nicht zuletzt durch die Asienkrise und der darauf folgenden Internationalisierung erkannt, dass Sprachkenntnisse eine Schlüsselqualifikationen der Zukunft darstellen. Dementsprechend werden Kinder bereits im Vorschulalter mit englischen Liedern und Geschichten berieselt. Inzwischen unterrichten „native speaker" als Lehrkräfte bereits ab der Mittelschule Englisch. Sobald die Eltern über die nötigen, finanziellen Mitteln verfügen, werden ihre Kinder schon frühzeitig ins Ausland geschickt, um dort an Sprachkursen teilzunehmen. Nicht wenige Mütter ziehen mit ihren Kindern ins Ausland, damit die Ausbildung dort erfolgen kann, während der Vater in Korea das Geld verdient. Inzwischen gibt es zahlreiche internationale Schulen in Korea, an denen der Unterricht auf Englisch und Koreanisch stattfindet. Diese Schulen sind sehr begehrt und es gibt lange Warteliste, trotz des hohen Schulgeldes. Der Anteil an Koreanern mit sehr guten Englischkenntnissen wird in Zukunft stetig ansteigen. Wenn Sie mit Koreanern sprechen, sollten Sie, abhängig von ihren eigenen Sprachkenntnissen, bewusst langsam sprechen und einfache Sätze bilden.

6.4   E-Mail-Kommunikation

E-Mail ist heutzutage sicher die weltweit am häufigsten eingesetzte Kommunikationsmethode. Die Vorteile dieser Kommunikationsform werden allseits geschätzt. Während Deutsche auch hier sehr sachorientiert kommunizieren, versuchen Koreaner auch über E-Mail an ihrer Beziehung zum Empfänger zu arbeiten. Besonders zu Beginn einer Zusammenarbeit ist bei Koreanern „Smalltalk" beliebt. Es wird über allgemeine Themen, wie das Wetter, den letzten Besuch oder das bevorstehende Treffen geschrieben. Koreaner empfinden es auch bei der E-Mail-Kommunikation als unangenehm, negative Nachrichten oder eine Bitte direkt anzusprechen. Daher wird „Smalltalk" auch in E-Mails instrumentalisiert, um eine gute Atmosphäre zu schaffen. Deutsche empfinden jedoch gerade dies als unangenehm, weil E-Mail für sie hauptsächlich eine schnelle Kommunikationsmethode darstellt, bei der der Zeitaspekt die Hauptrolle spielt. Diese Art von E-Mail „Small-talks" wird schnell als überflüssige Zeitverschwendung angesehen.

Wer in koreanischen Unternehmen bei E-Mail-Verkehr auf cc gesetzt wird, entscheiden Vorgesetzte. Neben seiner Person können dies alle projektbeteiligten Mitarbeiter sein.

Koreaner verschicken häufig E-Mails mit dem Zusatz „urgent" oder „top urgent". Versuchen Sie zeitnah auf E-Mails zu antworten, es reicht auch die Information, dass Sie die E-Mail erhalten haben. Hier geht es mehr um das Signal an den Empfänger, dass es Ihnen wichtig ist, ihn zeitnah zu informieren. Auch dann, wenn Sie die benötigte Information erst später senden können. Deutsche neigen dazu, E-Mails erst zu beantworten, wenn alle benötigten Informationen vollständig vorliegen. Aufgaben werden linear abgearbeitet; Informationen werden erst gesammelt, dann herausgegeben. Der koreanische Partner erwartet jedoch, dass er sobald wie möglich informiert wird und sei es auch nur mit der Anmerkung bzw. dem Hinweis, wann die Information zugänglich sein wird. Hinter dem Geschäftspartner wartet möglicherweise dessen Vorgesetzter, der Druck auf seinen Mitarbeiter ausübt. In dieser Konstellation kann es dann auch vorkommen, dass Koreaner die gleiche E-Mail immer wieder verschicken.

6.5 Video- oder Telefonkonferenz und Telefon

Beim Einsatz dieser beiden Kommunikationsmethoden sollte bedacht werden, dass aufgrund des Zeitunterschiedes Koreaner bereits fast einen ganzen Arbeitstag hinter sich haben. Dementsprechend können sie nach einem langen, aufreibenden Tag müde wirken. Inhalte bzw. Ergebnisse und Vereinbarungen aus Videokonferenz oder Telefonat sollten immer nochmals per E-Mail bestätigt werden.

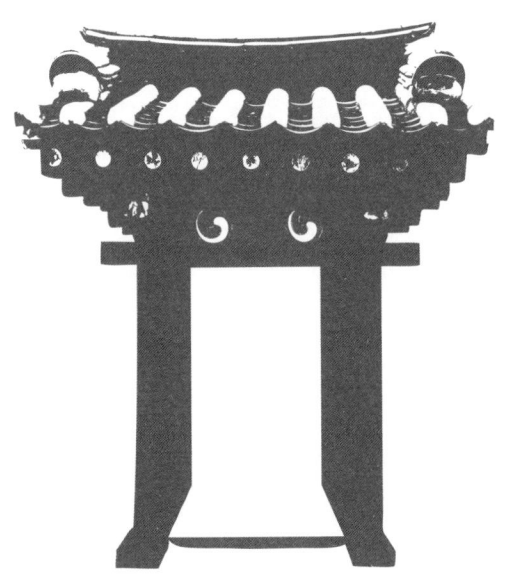

7 Koreanische Werte im beruflichen Alltag

7.1 Rekrutierung

Koreanische Unternehmen legen größten Wert auf die Loyalität der Mitarbeiter. Rekrutierung von neuen Mitarbeitern durch Empfehlungen aus den Reihen der eigenen Belegschaft ist nach wie vor eine bewährte Methode und vorteilhaft für alle Beteiligten. Sie erleichtert den neuen Mitarbeitern die Eingliederung in das Firmennetzwerk, da sie bereits auf ein Gruppenmitglied als Fürsprecher bauen können. Er wird seinen Schützling bei der Eingliederung und Erfüllung von dessen Aufgaben unterstützen, da ansonsten sein eigener Ruf gefährdet wäre.

Der Schützling seinerseits fühlt sich verpflichtet, als Ausdruck seiner Dankbarkeit sein Bestes zu geben. Zudem kann der Fürsprecher in Zukunft bei anderer Gelegenheit auf die Unterstützung seines Schützlings bzw. dessen Familie zurückgreifen, denn diese schulden ihm jetzt einen Gefallen. Bewährt sich der neue Mitarbeiter, steigt auch das Ansehen dessen, der ihn empfohlen hat.

Das Unternehmen wiederum spart Zeit und Geld bei einer langen und kostenintensiven Suche nach geeigneten Kandidaten. Fürsprecher fungieren als Referenzgeber für neue Mitarbeiter. Gegenseitige Verpflichtung und die Verantwortung für einander stellt für die Firma eine gewisse Garantie dar, dass beide Mitarbeiter ihr Bestes geben werden. Die Gefahr einer schnellen Kündigung ist ebenfalls gemindert, da der neue Mitarbeiter wegen seines Fürsprechers bei anfänglichen Schwierigkeiten oder Missverständnissen nicht leichtfertig kündigen wird. Besonders bei klein- und mittelständischen Unternehmen kommt diese Art der Rekrutierung zum Einsatz.

Diese Art der Empfehlung bedeutet jedoch auch ein hohes Maß an Verant-wortung. Daher empfehlen Koreaner nicht leichtfertig Personen, die sie nicht gut kennen. Ein Nicht-Beachten der gegenseitigen Verpflichtungen und der damit verbundenen Verantwortung bei solchen Empfehlungen kann zu ei-nem Bruch der Beziehung und zu Gesichtsverlust führen.

Große Unternehmen und Konzerne, wie die *Jaebeols*, sind für Berufsanfänger äußerst begehrte Arbeitgeber. Sie können gute Nachwuchskräfte noch vor deren Abschluss rekrutieren. Informationen über mögliche Kandidaten er-halten sie ebenfalls über ihre Mitarbeiter und deren bereits vorhandene „u-niversitäre Netzwerke" (Gruppe mit Abschluss der jeweiligen Universität). Weitere Kontakte kommen durch Job-Messen oder durch Projekte zustande, die die Unternehmen in Kooperation mit den Universitäten durchführen. Parallel laufen jährliche Assessments für interessierte Abgänger in den Un-ternehmen. Dieser Rekrutierungsprozess besteht aus mehreren schriftlichen Prüfungen und mündlichen Bewerbungsgesprächen.

Bei der Auswahl von neuen Mitarbeitern sind oft nicht fachliche Fähigkeiten entscheidend. In Korea herrscht allgemein die Ansicht, dass die notwendi-gen fachlichen Kenntnisse, abgesehen von den naturwissenschaftlichen und technischen Bereichen, im Laufe der Zeit vermittelt werden können (Trai-ning on the job). Wichtiger sind für die Firmen sogenannte Softskills wie Anpassungsfähigkeit, Leistungsbereitschaft, Lernbereitschaft, Flexibilität und natürlich Loyalität. Anpassungsfähigkeit fordert von dem Anwärter, sich in das bestehende System einfügen zu wollen. Mit Leistungsbereitschaft ist nicht das Erreichen von bestimmten, vereinbarten Zielen gemeint, son-dern die Bereitschaft, sich für die Firma einzusetzen; individuelle Belange, Wünsche, Ziele etc. sind zum Wohle der Firma zurückzustecken. Das bedeu-tet häufig viele unbezahlte Überstunden, insbesondere für Berufsanfänger. Lernbereitschaft geht einher mit der Forderung nach Flexibilität. Einen fle-xiblen und lernbereiten Mitarbeiter kann das Unternehmen vielseitig einset-zen. Mitarbeiter können jederzeit in eine andere Abteilung versetzt oder mit neuen Aufgaben betraut werden. Verlangt wird auch, dass sie Tätigkeiten übernehmen, die nicht unmittelbar zu ihren Aufgaben gehören; beispiels-weise einfache Botengänge. Neue Mitarbeiter müssen sich bewähren, auch bei unliebsamen Aufgaben. So versuchen sie zu Beginn des Arbeitsverhält-nisses einen guten Eindruck zu hinterlassen, in dem sie Lernbereitschaft und

Fleiß zeigen. Sie sind meist als Erste der Abteilung im Büro und verlassen es nie als Erste. Vor dem Chef heimzugehen, macht nach wie vor einen schlechten Eindruck in koreanischen Unternehmen. Das Ziel der neuen Mitarbeiter ist es, von anderen Kollegen und von Vorgesetzten akzeptiert zu werden.

Je nach Unternehmen und Beteiligten können folgende Kriterien eine Anstellung begünstigen: Herkunftsort, Abschluss von einer bestimmten Universität, familiärer Hintergrund, gute Beziehungen zu wichtigen Entscheidungsträgern.

Samsung beispielsweise war in der Vergangenheit bekannt dafür, dass bevorzugt Absolventen der Eliteuniversität *Seoul* National University eingestellt wurden. Grund hierfür ist ihr exzellenter Ruf. Denn nur durch Fleiß, Ausdauer, Intelligenz und Ambition haben sie es auf diese Eliteuniversität geschafft. Durch ihr Studium an dieser Universität existiert automatisch eine potentielle Verbindung zum Samsung Konzern, in dem bereits viele Absolventen angestellt sind. Die neuen Mitarbeiter kommen also in ein Unternehmen mit Mitgliedern aus ihrem privaten Netzwerk (Universität). Dazu kommt noch, dass sie nun gemeinsam für die gleiche Firma arbeiten; also wird die Bindung auf eine weitere, gemeinsame Gruppe erweitert. Das schafft Loyalität und ist genau das, was die Unternehmen anstreben. Die neuen Abgänger der Eliteuniversitäten bringen darüber hinaus neue Netzwerke zu potentiell wichtigen Entscheidungsträgern der Zukunft mit. Zahlreiche wichtige Persönlichkeiten aus Wirtschaft und Politik sind ehemalige Studenten der Eliteuniversitäten wie der Seoul National University.

Tipp: Sollten Sie in Korea auf der Suche nach neuem Personal sein, lehnen Sie die Rekrutierungsmaßnahmen durch bestehende Angestellte nicht von vornherein ab. Wie oben beschrieben kann es gewisse Vorteile haben, über Empfehlungen neue Mitarbeiter einzustellen. Dabei sollte selbstverständlich geschaut werden, wer der Empfehlende ist und wie zuverlässig seine Empfehlung sein könnte. Bei der Zusammenstellung der Fragen für das Bewerbungsgespräch sollten kulturelle Aspekte mit berücksichtigt werden. Besonders bei Berufsanfängern können Sie nicht unbedingt fundiertes Wissen erwarten, selbst wenn sie das Fach für die vakante Arbeitsstelle studiert haben.

Auf in Deutschland übliche Fragen, wie: „Wo sehen Sie sich in fünf Jahren?" könnten Sie eine Antwort bekommen, mit der Sie wenig anfangen können, wie z.B. „ Ich hoffe, dass ich in fünf Jahren von meinem Vorgesetzen und meinen Kollegen akzeptiert bin." Diese Antwort scheint auf den ersten Blick nicht auf die Frage zu passen. Für Koreaner impliziert diese Aussage jedoch, dass die erbrachten Leistungen und die Person von dem Unternehmen anerkannt werden und sie dementsprechend in eine Position innerhalb der Firmenhierarchie aufgestiegen sind, die einer Betriebszugehörigkeit von fünf Jahren entspricht. Das Fortkommen in einer koreanischen Firma ist nicht von individuellen Leistungen abhängig. Von einem Bewerber wird ein bescheidenes Auftreten erwartet. Es wäre ein Fehler, wenn ein Koreaner versuchte, „sich so gut wie möglich zu verkaufen", wie es in Deutschland erwartet wird. Man darf jedoch aus der Art und Weise des Kandidaten nicht schlussfolgern, dass er nicht selbstbewusst wäre. In Korea gibt es viele Bewerber, die ihr Studium im Ausland absolviert haben. Dementsprechend gut sprechen sie Englisch. Gute Sprachkenntnisse sollten nicht das entscheidende Kriterium für eine Einstellung sein, wenn Ihr Unternehmen noch stark koreanisch geprägt ist. Gute Kontakte zu wichtigen Personen, Institutionen und die Fähigkeit sich in bestehende hierarchische Systeme eingliedern zu können, können für den Erfolg der Firma wichtiger sein.

7.2   Arbeitsweise

In koreanischen Unternehmen fehlen individuelle Tätigkeitsbeschreibungen für einzelne Mitarbeiter. Arbeiten werden in Gruppen erledigt, so dass umfangreiche und komplexe Aufgaben und die damit verbundene Verantwortung auf mehrere Mitarbeiter aufgeteilt werden. Der Vorgesetzte vergibt Teilaufgaben an seine Mitarbeiter. Für das Erreichen der Teilziele und dem damit verbundenen Abschluss der Gesamtaufgabe ist die gemeinschaftliche Leistung entscheidend. Daher ist die Fähigkeit, sich in eine Gruppe integrieren zu können, Teil der erwarteten Leistungserbringung und eine Voraussetzung für berufliches Fortkommen.

Koreaner fühlen sich zumeist sehr wohl mit dieser Regelung, denn durch die Gruppenarbeit wird vermieden, dass bei Fehlern die Verantwortung auf Einzelpersonen fällt und diese bloßgestellt werden. Die Gefahr des Gesichtsverlustes wird dadurch verringert.

Die Mitglieder einer Arbeitsgruppe werden für mehrere Tätigkeiten ausgebildet, so dass sie flexibel einsetzbar sind und bei Ausfall eines Mitarbeiters die Aufgaben des anderen mit übernehmen können. Der Arbeitsalltag lässt sich in Korea kaum planen. Die Mitarbeiter sind größtenteils fremdbestimmt: durch den Vorgesetzten, die Kollegen, unerwartete Termine oder spontane Meetings etc. Die Prioritäten der Aufgaben werden wiederum nicht durch sachliche Aspekte bestimmt, sondern ebenfalls von Personen. Wenn der Vorgesetze oder ein enger Kollege die Erledigung einer Aufgabe oder eine Information benötigt, bleiben andere Aufgaben erst einmal liegen und werden zu einem späteren Zeitpunkt bearbeitet. Es kommt häufig auch zu spontanen Meetings, die vom Vorgesetzten angesetzt werden. Dann heißt es „in fünf Minuten im Raum XY". Solche Sitzungen haben ein offenes Ende, so dass sich alle geplanten Termine zeitlich verschieben können. Auch wenn koreanische Mitarbeiter beinahe genauso viele Urlaubstage haben wie ihre deutschen Kollegen (neben den vereinbarten Urlaubstagen, erhält man je nach Betriebszugehörigkeit in den meisten koreanischen Unternehmen alle zwei Jahre einen zusätzlichen Tag), können sie unmöglich alle Urlaubstage in Anspruch nehmen. Aus Rücksicht auf Kollegen und Vorgesetzte nimmt man sich über das Jahr verteilt meist nur eine Woche Urlaub. Vorgesetzte verzichten ungern lange auf einen Mitarbeiter und die Gruppenorientierung der Kollegen erlaubt ein individuelles Denken nicht. Die Gruppe übernimmt das zusätzliche Arbeitsaufkommen, während Kollegen im Urlaub sind. Vorteile bei dieser Arbeitsaufteilung liegen in einer effektiven Kommunikation und gegenseitigen Unterstützung unter den Gruppenmitgliedern.

Tipp: Arbeiten Sie zum ersten Mal mit koreanischen Mitarbeitern, sollten Sie sich und ihren Mitarbeitern Zeit geben, um sich gegenseitig kennen zu lernen und die jeweilige Arbeitsweise zu verstehen. Zu Beginn der Zusammenarbeit werden sich die Mitarbeiter sehr unsicher fühlen und zurückhaltend sein. Koreaner sind aber sehr lernfähig und willig, sich dem

Arbeitsstil des Vorgesetzten anzupassen. Aufgaben sollten in kleinere Arbeitsschritte untergliedert und an die Mitarbeiter sukzessive vergeben werden. Dadurch lernen Sie Arbeitstempo und Arbeitsstil ihrer Mitarbeiter besser kennen. Instruktionen sollten sehr detailliert formuliert sein, denn häufig gehen die Vorstellungen über Arbeitsschritte und Ergebnis weit auseinander. Fehlen genaue Anweisungen, können häufiges Rückfragen oder das Nichtbearbeiten der Aufgabe die Folge sein. Nach dem Motto: „Bevor ich etwas Falsches tue, mache ich lieber nichts".

7.3   Beförderungssystem

Traditionell basiert das Beförderungssystem in Korea auf dem Senioritätsprinzip; d.h. bei der Beförderung werden neben Leistung und Leistungsbereitschaft (die von Vorgesetzten mindestens einmal pro Jahr beurteilt werden), die Dauer der Betriebszugehörigkeit und das Alter (und die sich daraus ergebenden Bedürfnisse) berücksichtigt. Daher konnte man in der Vergangenheit sagen, dass Position und Dauer der Zugehörigkeit miteinander einhergingen, soweit ein Minimum an Leistung erbracht wurde. Anders als in Unternehmen westlicher Prägung hing die Beförderung nicht ausschließlich von der erbrachten Leistung ab. Mit der Berücksichtigung des Alters und der Dauer der Betriebszugehörigkeit wurde vermieden, dass Vorgesetzte jünger waren als ihre Untergebenen. Für ein paternalistisches und autoritäres Führungssystem birgt eine Konstellation aus jungem Vorgesetzten vs. älterem Mitarbeiter stets Konfliktpotential. Inzwischen versuchen viele Unternehmen, den Anteil der individuellen Leistung bei der Beförderung stärker zu berücksichtigen. Probleme bereiten dabei die Messbarkeit der individuellen Arbeitsleistungen, da häufig in Gruppen gearbeitet wird und ein individuelles Hervortun wegen der Gruppenharmonie nicht erwünscht ist.

Tipp: Personalfragen stellen eine große Herausforderung für ausländische Arbeitgeber dar. Auch wenn Koreaner inzwischen das Senioritätsprinzip für das Beförderungssystem durchaus selbst in Frage stellen, tun sie sich schwer, dieses zu verändern. Nach koreanischer Vorstellung erwirbt ein Angestellter im Laufe der Jahre neben dem angehäuften Fachwissen weitere vielfältige Erfahrungen, Einsichten in Zusammenhänge, Netzwerkkontakte, Kenntnisse über Menschenführung usw. Dies alles fließt in die berufliche Tätigkeit mit ein und sollte bei Entlohnung und Beförderung entsprechend Berücksichtigung finden. Vor Einführung eines neuen Beurteilungssystems sollte daher das Vorhaben mit Koreanern (der obersten Hierarchieebene) diskutiert werden, um sich über mögliche Konsequenzen und Reaktionen im Klaren zu sein. Veränderungen lassen sich in Korea nur Top-down einführen. Empfehlenswert wäre es, sich andere Unternehmen anzuschauen, die eine Umstellung bereits erfolgreich realisiert haben. Sinn- und Zweck auch einer bereits bekannten Maßnahme muss vor der Einführung den Beteiligten ausführlich und transparent erklärt werden. Dabei helfen Argumente, wie beispielsweise die Notwendigkeit, internationale Standards erreichen zu müssen oder auch die Konkurrenzfähigkeit des Unternehmens aufrecht zu erhalten. Dies dient letztendlich auch der Sicherung der Arbeitsplätze.

7.4 Umgang mit Informationen

Neben den offiziellen Informationswegen in einem Unternehmen gibt es in koreanischen Firmen etablierte, inoffizielle Kommunikationswege. Diese sind meist wesentlich schneller als die offiziellen. Steht eine wichtige Entscheidung an, werden Diskussionen darüber in kleinen Gruppen auf inoffiziellem Wege geführt. Bei der anschließenden, gemeinsamen Besprechung wird nur noch die Entscheidung bekannt gemacht. Eine Diskussion in großer Runde mit allen Beteiligten wird häufig nicht mehr für notwendig gehalten. In Korea gibt es einerseits, anders als in Deutschland, eine „Holschuld für Informationen". Die involvierten Projektmitarbeiter müssen sich beispielsweise aktiv um relevante Informationen bemühen. Sie können nicht erwarten, dass sie automatisch über Neuigkeiten oder Veränderungen informiert werden. Andererseits ist es eine sehr häufig angewandte Methode, alle Beteiligten eines Projektes bei E-Mails auf cc zu setzen und sie somit automatisch über den Verlauf zu informieren. Will man eine Information geheim halten, ist es besser sie überhaupt nicht zu erzählen. Eine Weitergabe von wichtigen Informationen an Außenstehende ist schwer zu kontrollieren. Mitarbeiter könnten die Bindung zu einem ehemaligen Studienkollegen oder Freund höher bewerten als die Bindung zu Kollegen oder zum Unternehmen. In solchen Fällen wären auch vertrauliche Informationen nicht unbedingt sicher. In Unternehmen werden unter Mitarbeitern nicht nur geschäftliche Informationen ausgetauscht. Was man in Deutschland gewöhnlich als Klatsch und Tratsch ansehen würde, prägt den beruflichen Alltag in Korea. Die Privatsphäre innerhalb der Firma zu wahren ist äußerst schwierig. Als Familiemitglieder nehmen alle Kollegen mit Interesse am Tun des anderen Anteil.

Tipp: Tolerieren Sie Gespräche zwischen Tür und Angel oder auf den Fluren. Kommunikation ist für Koreaner wichtig, um ihre Netzwerke zu pflegen. Nutzen Sie Ihrerseits das Netzwerk der Belegschaft, um Informationen zu gewinnen. Dies ist in Korea durchaus eine gängige Methode. Sensible Informationen sollten nur an Beteiligte gehen, die sie haben müssen, wobei sie für die Geheimhaltung persönlich verantwortlich gemacht werden sollten. Pflegen Sie Ihrerseits Ihr Netzwerk, damit Sie ein Teil des Informationssystems werden können.

7.5   Weiterbildung und Training

Koreanische Firmen investieren kontinuierlich in die Ausbildung ihrer Mitarbeiter. Neben dem Training on the job und dem Rotationsprinzip gibt es die klassischen Weiterbildungsmaßnahmen, um Fachwissen zu vermitteln. Diese ähneln der Wissensvermittlung, die auch in koreanischen Schulen gängige Praxis ist, hauptsächlich Frontalunterricht. Der Trainer, als autoritärer Wissensträger, hat einen hohen Status und wird seiner Rolle entsprechend behandelt. Ausländische Referenten, die nach Korea gesendet werden, um ihre Kollegen oder Kunden fortzubilden, wundern sich oft über die Passivität von Koreanern während der Lehreinheiten. Sie diskutieren nicht und stellen keine Fragen. Hin und wieder schlafen sie sogar während des Trainings. Dieses ungewohnte Verhalten verstört und frustriert nicht wenige

Trainer und legt die Vermutung nahe, dass es entweder an mangelndem Interesse oder an schlechten Englischkenntnissen liegen muss. Zum Teil kann diese Vermutung richtig sein. In der Tat müssen Koreaner, die im Alltag wenig Englisch sprechen, ihren inneren Widerstand überwinden, wenn sie auf Englisch kommunizieren sollen. Sie zögern häufig, in der Gruppe eine Frage zu stellen, da sie nicht wissen wie relevant diese Frage für die Gruppe ist. Auch wenn sie etwas nicht verstanden haben, suchen sie die Schuld zunächst bei sich: „Vielleicht ist mein English nicht gut genug und ich habe den Inhalt deshalb nicht verstanden", „Ich habe eine Erklärung zuvor versäumt, deswegen kann ich das jetzt nicht verstehen", „Ich habe den Inhalt nicht verstanden, aber vielleicht kommt die Erklärung hierzu später", „Vielleicht bin ich die/der Einzige, die/der das nicht verstanden hat, und es wäre sehr unhöflich, die Ausführungen des Trainers zu unterbrechen, seinen Zeitplan durcheinander zu bringen und die Kollegen aufzuhalten". Koreaner werden eher versuchen, dezent ihren Nachbarn zu fragen, ob dieser die Inhalte verstanden hat. Ist dies nicht der Fall, dann fühlen sie sich besser, denn sie sind nun nicht mehr allein. Die beiden werden trotzdem ruhig bleiben, denn vielleicht sind sie die Einzigen? Sie werden versuchen, in der Pause zu erfahren, ob die anderen Kollegen den Inhalt verstanden haben und es ihnen erklären können. Ist dies nicht der Fall, werden sie zu einem späteren Zeitpunkt, vielleicht wenn das Training nach der Pause wieder aufgenommen wird, den Ausbilder fragen, ob er den betreffenden Inhalt nochmals erläutern kann. In dem Moment spricht der Fragende als Repräsentant aller, die den Inhalt nicht verstanden haben. Ausbilder wundern sich dann über diese zeitverzögerte Frage.

Koreaner sind ebenfalls sehr zurückhaltend, wenn es um offene Diskussionen geht. Aus dem Harmoniebedürfnis heraus, werden unterschiedliche Ansichten nicht in großer Runde diskutiert. Koreaner haben weder in der Schule noch in den Familien gelernt, Diskussionen zu führen, die rein auf Sachebene stattfinden. Sie sind es auch nicht gewohnt, ihre Meinung intensiv verbal verteidigen zu müssen und nehmen sachliche Kritik sehr persönlich. Das, was zählt, ist die Ansicht der Gruppe und nicht die persönlich individuelle. Solange jemand hinsichtlich der zugehörigen Gruppenmeinung unsicher ist, wird er mit seiner persönlichen Ansicht sehr vorsichtig sein. Es besteht die Gefahr eines Gesichtsverlustes, was wiederum eine Verschlechterung der Gruppenharmonie zur Folge hätte.

Bildung ist in Korea ein wertvolles Gut. Daher wird berufliche Weiterbildung als Motivationsinstrument und Belohnung für gute Leistung eingesetzt. Es kann durchaus vorkommen, dass Mitarbeiter zu einer Weiterbildungsmaßnahme auch ins Ausland geschickt werden, obwohl die Lehrinhalte mit ihren eigentlichen Aufgaben thematisch nichts zu tun haben. Damit so viele Mitarbeiter wie möglich von Weiterbildungsmaßnahmen profitieren, z.B. bei technischen Schulungen ausländischer Lieferanten, wird die vorgegebene Teilnehmerzahl häufig weit überschritten.

Tipp: Abhängig von der Zielsetzung des angesetzten Trainings, sollte die Teilnehmerzahl von Anfang an begrenzt werden. Auf eine maximale Anzahl an Teilnehmern sollten Sie bestehen und dies mit guten Gründen untermauern. Der Trainingsort sollte so gewählt sein, dass er nicht im gleichen Gebäude stattfindet, in dem die Teilnehmer normalerweise arbeiten. Denn wenn ihre Vorgesetzten nach ihnen verlangen, haben sie keine Möglichkeit, sich auf das Training zu konzentrieren. Es käme zu zahlreichen Unterbrechungen und Störungen. Die Durchführung von interaktiven Trainings mit Koreanern ist möglich. Allerdings müssen einige Voraussetzungen hierfür erfüllt werden. Je mehr Hierarchieebenen bei den Teilnehmer vertreten sind, um so schwieriger wird es sein, alle Teilnehmer zur Mitarbeit zu motivieren. Daher ist es empfehlenswert, dies bei der Planung stets mit zu berücksichtigen. Von offenen Diskussionsrunden sollte abgesehen werden und anstelle von Einzelaufgaben sollten Sie auf die Gruppenarbeit setzen. So werden alle Teilnehmer aktiv mit eingebunden und die Aufmerksamkeit bleibt aufrecht erhalten. Die Präsentation von Gruppenarbeiten durch einzelne Vertreter dieser Gruppe vor dem Plenum ist möglich, da die Gruppenmeinung präsentiert wird. Auch Rollenspiele können für Trainings eingesetzt werden. Dabei gilt auch hier: die Zusammensetzung der Teilnehmer muss stimmen. Bitte beachten Sie dabei, dass die Nachbesprechung der Rollenspiele eine gewisse Sensibilität des Trainers erforderlich macht. Ein möglicher Gesichtsverlust bei einem der Protagonisten im Spiel gilt es auszuschließen. Hat der Trainer einmal ein Vertrauensverhältnis aufgebaut, gehen die Teilnehmer auch aus sich heraus.

Eine Möglichkeit, dieses Vertrauen zu schaffen, ist beispielsweise mit den Teilnehmern abends gemeinsam etwas zu unternehmen.

Früh zu Beginn des Trainings sollte überprüft werden, ob die sprachlichen Kenntnisse der Teilnehmer ausreichen, um das Training wie geplant umzusetzen. Ist eine Einzelabfrage aus den oben genannten Gründen nicht möglich, kann auf Gruppenarbeit zurückgegriffen werden. Unter Umständen sollten kleinere Trainingseinheiten durchgeführt und die Pausen etwas ausgedehnt werden, damit sich die Teilnehmer untereinander austauschen können. Schriftliches Material auf Englisch kann die Teilnehmer beim Folgen des Inhaltes und bei der Nachbereitung unterstützen. Viele koreanische Teilnehmer müssen nach dem Training einen Bericht für den Vorgesetzten oder Kollegen verfassen.

Am Ende des Trainings können schriftliche Tests durchgeführt werden. Die Vorgesetzten wollen hierüber meist informiert werden. Das erhöht zwar den Druck auf die Teilnehmer, wird von ihnen jedoch nicht als negativ empfunden. Testergebnisse dienen dazu, Defizite einzelner Teilnehmer herauszufinden und mit dem Vorgesetzten, sofern er hierfür offen ist, weitere Bildungsmaßnahmen für den jeweiligen Mitarbeiter festzulegen.

Teilnehmer legen großen Wert auf Nachweise bzw. Zertifikate. In Korea werden Zertifikate nach dem Training ritualisiert an die einzelnen Teilnehmer überreicht. Unter Beifall der anderen Teilnehmer wird die Leistung des Einzelnen anerkannt. Abschlusszeremonien gehören zu den Trainings dazu und werden „gefeiert". Diese Vorgehensweise beginnt bereits im Kindergarten mit dem Übertritt zur Schule. Die Verabschiedung aus dem Kindergarten wird feierlich begangen und ein Zertifikat dokumentiert die dort verbrachte Zeit. An vielen Bürowänden findet man die Zeugnisse und Abschlussdokumente von Universitäten und anderen Bildungseinrichtungen als Belege hierfür.

7.6   Koreanische Führungskräfte

Koreanische Führungskräfte sollen als „Generalisten" ganzheitlich-pragmatisch denken und handeln. Erfahrungen aus unterschiedlichen Unternehmensbereichen sollen die Mitarbeiter in die Lage versetzen, ganzheitlich zu denken, Zusammenhänge und Vernetzungen zu erkennen und im Sinne von Gesamtlösungen zu handeln, statt Einzel- und Teilaspekte zu optimieren. Koreanische Mitarbeiter rotieren während ihrer Laufbahn durch mehrere Bereiche des Unternehmens. Sie erhalten dadurch breitangelegte Kenntnisse über das Unternehmen und werden vielseitig einsetzbar. Dabei haben sie auch die Gelegenheit, innerhalb des Unternehmens mit unterschiedlichsten Menschen zu arbeiten und sich hierdurch ein großes Netzwerk aufzubauen. Die Vertiefung von Kenntnissen und der Erwerb von Spezialwissen in bestimmten Bereichen ist dadurch begrenzt. Häufig haben ausländische Geschäftspartner den Eindruck, dass Vorgesetze weniger Fachkenntnisse haben als ihre Mitarbeiter. Diese Feststellung ist oftmals zutreffend. Es ist nicht die Aufgabe des Vorgesetzen in Korea ein Mehr an Fachkenntnis als seine Mitarbeiter zu besitzen. Meist ist er nicht einmal involviert in die operativen Geschäfte. Seine Aufgabe ist es, seine Mitarbeiter und die Gruppe als solches zu motivieren, die gewünschten Arbeitsergebnisse zu erreichen. Er moderiert die regelmäßigen Meetings, verteilt die Aufgaben an seine Mitarbeiter und kontrolliert die Ergebnisse. Benötigen seine Mitarbeiter zur Erfüllung ihrer Aufgaben fachliche Unterstützung, so ist es an ihm, jemanden hierfür im Unternehmen zu finden.

Zu den wichtigsten Aufgaben einer Führungskraft gehört es, seine Mitarbeiter so zu führen, dass sie ihre bestmögliche Leistung geben. Dazu muss er eine positive Arbeitsatmosphäre in der Gruppe schaffen und auf Dauer aufrechterhalten. Gleichzeitig sollte er in der Lage sein, die einzelnen Mitarbeiter individuell zu motivieren. Die Beziehung zwischen direktem Vorgesetzen und seinem Mitarbeiter ist mit der Beziehung zwischen Vater und Sohn im Rahmen des Fünf-Beziehungs-Modells nach Konfuzius vergleichbar. Vorgesetzte sind verantwortlich für ihre Mitarbeiter und verhalten sich entsprechend fürsorglich ihnen gegenüber. Die Mitarbeiter wiederum sind ihrem Vorgesetzten gegenüber loyal und gehorsam. Durch die enge Zusammenarbeit entwickelt sich häufig ein enges Vertrauensverhältnis. Wie ein wohlwollender Vater soll ein Vorgesetzter seine Mitarbeiter fordern, fördern und unterstützen. Diese Bindung ist in den meisten Fällen viel stärker als die Bindung der Mitarbeiter zu ihrem Unternehmen. Haben sie einen guten Vorgesetzten, sind sie oftmals bereit, ihm in eine neue Firma zu folgen.

Vorgesetzte und Mitarbeiter sind aufeinander angewiesen. Vorgesetzte beurteilen die Arbeitsleistung ihrer Mitarbeiter und haben somit großen Einfluss auf die Beförderung. Die Abhängigkeit des Vorgesetzten von seinen Mitarbeitern besteht darin, dass sein Erfolg vom Arbeitsergebnis des ganzen Teams abhängt. Als Vorgesetzter fungiert er als Schnittstelle zwischen den Hierarchien und gleichsam als „Kommunikationskanal". D.h. er berichtet die Arbeitsergebnisse an seinen Vorgesetzten und gibt Entscheidungen von oben an seine Mitarbeiter weiter. In koreanischen Unternehmen hält man streng an Hierarchieebenen fest.

Individuelle Mitarbeitermotivation kann nur über einen engen und interpersonalen Kontakt laufen, der auch das Privatleben des Einzelnen mit einschließt. Der Vorgesetzte kennt nicht nur die Fähigkeiten, Stärken und Schwächen seines Mitarbeiters im beruflichen Kontext, sondern ist auch über die privaten Verhältnisse bestens informiert. Verlangt es die Situation wird erwartet, dass der Vorgesetzte sich in private Belange einmischt und seinen Mitarbeiter bei der Lösung privater Probleme unterstützt. Lebenserfahrung auf diesem eher schweren Terrain kann da überaus nützlich sein. Wie in einer Vater-Sohn Beziehung wird von Mitarbeitern absoluter Gehorsam erwartet. Öffentliche Kritik oder ein Nicht-Befolgen von Anweisungen zöge den Gesichtsverlust des Chefs nach sich und hätte ebenfalls weitreichende Konsequenzen für den Mitarbeiter. Der Führungsstil koreanischer Vorgesetzter wird häufig von Außenstehenden als autoritär beschrieben. Nicht selten bekommen ausländische Geschäftspartner mit, wie harsch koreanische Chefs mit ihren Mitarbeitern umgehen. In solchen Situationen vergessen Vorgesetzte, dass sie neben den Rechten als hierarchisch Höherstehende auch eine Verantwortung gegenüber rangniederen Mitarbeitern haben. Daher kritisieren viele ein solches Verhalten als überzogen und unangemessen. Passieren Mitarbeitern Fehler, ist der Vorgesetzte hierfür stets mitverantwortlich. Er hat es zugelassen, dass diese Fehler überhaupt erst passieren konnten. Legt ein Vorgesetzter einseitig einen negativen Habitus an den Tag, ohne einen positiven Ausgleich zu schaffen, wird sich das Verhältnis zu seinen Mitarbeitern zunehmend verschlechtern. Die Folge wäre eine Trennung von ihm und der Gruppe herbeizuführen, denn Kritik können Mitarbeiter nicht direkt äußern. Möchte der Vorgesetzte erfahren, wie zufrieden die Mitarbeiter mit seinem Führungsstil sind, kann er dafür einen geeigneten

Rahmen schaffen, in dem er sie beispielweise zum Abendessen einlädt und sie zum Trinken animiert. Unter Einfluss von Alkohol verlieren Mitarbeiter ihre Scheu und äußern Kritik oftmals direkt. So erfährt der Chef, ob seine Leute zufrieden mit ihrem Arbeitsumfeld sind oder er etwas verändern muss. Es ist auch der Moment, in dem Mitarbeiter Entscheidungen ihrer Vorgesetzten in Frage stellen können. Die Inhalte solcher Abende werden im Büro jedoch nicht mehr thematisiert.

Vorgesetzte erwarten, dass ihre Anweisungen zeitnah umgesetzt werden. Manchmal sieht man koreanische Mitarbeiter regelrecht zwischen den Räumen hin und her rennen. Ein Anzeichen dafür, dass gewisse Dinge schnell erledigt werden müssen. Würde ein Mitarbeiter eine dringliche Aufgabe im normalen Tempo abarbeiten, machte es den Anschein, als räume er dieser Aufgabe nicht die erforderliche Priorität ein, die sie verdient. Das könnte von seinem Vorgesetzten als Nichtachtung seiner Person und als passiver Widerstand empfunden werden.

Tipp: Haben Sie koreanische Mitarbeiter, nehmen Sie sich zu Beginn der Zusammenarbeit viel Zeit für sie. Suchen Sie sich einen „Kulturvermittler," vielleicht einen Koreaner, der angemessene Auslandserfahrungen mitbringt und beide Kulturen gut kennt. Ein solcher Mittler kann Ihnen vorab Informationen über ihre Mitarbeiter zusammenstellen; deren Gruppenzugehörigkeit, charakterliche Besonderheiten oder den familiären Kontext.

Bei der Einführung einer neuen Arbeitsmethode könnte er Ihnen als Mittler die Umsetzbarkeit aus koreanischer Sicht erläutern. Generell gilt jedoch: Erklären Sie ihren Mitarbeitern genau, was Sie von ihnen erwarten. Dabei ist es sinnvoll auch Zweier-Gespräche zu führen, damit Sie einerseits den jeweiligen Mitarbeiter besser kennen lernen und ihm andererseits die Möglichkeit geben, Fragen zu stellen ohne der Gefahr eines Gesichtsverlustes vor Kollegen ausgesetzt zu sein. Zu Beginn der Zusammenarbeit sollten Sie komplexe Aufgaben in kleinere Abschnitte unterteilen und die Ergebnisse kontrollieren, damit Sie die Arbeitsweise Ihrer Untergebenen besser einschätzen können. Koreaner sind es nicht gewöhnt, eigenverantwortlich umfangreiche Aufgaben zu bearbeiten. Nicht weil sie es nicht könnten, sondern weil es von Vorgesetzten nicht verlangt wird. Koreaner sind jedoch sehr lernfähig und durchaus gewillt selbständig zu arbeiten. Dazu müssen sie aber die Arbeitsweise des neuen Chefs kennen lernen und Vertrauen zu ihm gewinnen. In der ersten Zeit werden Sie häufig das Gespräch suchen und eine Bestätigung ihrer Arbeitsweise haben wollen. Investieren Sie diese Zeit für ausgiebige Gespräche. Diese werden später dann nicht mehr nötig sein.

Zeigen Sie regelmäßig Interesse am Privatleben Ihrer Mitarbeiter. Bei akuten Schwierigkeiten, auch im privaten Bereich, sollten Sie Ihren Mitarbeitern – soweit möglich – helfen, damit die sich auf die Arbeit in der Firma konzentrieren können. Sie sollten auch stets darüber informiert sein, wie die Atmosphäre im Team oder in der Abteilung ist. Koreaner, die in ausländischen Unternehmen arbeiten, vermissen häufig die familiäre Atmosphäre und die institutionalisierten, gemeinsamen Aktivitäten mit den Kollegen, die sie gewohnt sind. Gehen Sie mit Ihren Mitarbeitern regelmäßig Essen, um zu erfahren, wie zufrieden ihre Mitarbeiter mit ihrem Arbeitsumfeld sind. Haben Sie ein Vertrauensverhältnis zu Ihren Mitarbeitern aufgebaut, werden sie Ihnen gegenüber sehr loyal sein und alles tun, damit sie zusammen erfolgreich sind.

7.7 Umgang mit der Zeit

Wie bereits im Kapitel Arbeitsweise beschrieben, ist eine individuelle Terminplanung und ein eigenständiges Arbeiten in einem koreanischem Unternehmen schwer umsetzbar. Undenkbar ist es für einen Angestellten auch, seinen Urlaub ein Jahr im Voraus zu planen. Die Vorgesetzten können nur schwerlich wissen, welche Aufträge in einem Jahr zu bearbeiten sein werden und werden ihre Mitarbeiter auffordern, kurzfristig Urlaub einzureichen. Je nach Auftragslage kann dann darüber entschieden werden, ob der Urlaub auch tatsächlich genommen wird.

Beziehungsorientierung und die Neigung zum Pragmatismus bestimmen den Umgang mit der Zeit in Korea. Weil es häufig zu Änderungen im Alltag kommt, können auch lange im Voraus geplante Termine kurzfristig abgesagt werden. In Korea werden Termine bzw. Verabredungen zumeist mit einem maximalen Vorlauf von zwei Wochen geplant. Alle Termine, die darüber hinausgehen, werden als „unter Vorbehalt" betrachtet und entsprechend kurz zuvor nochmals bestätigt.

Der Ausspruch „Zeit ist Geld" trifft auf Korea nur bedingt zu. Natürlich ist Zeit auch für Koreaner ein knappes Gut. Auch sie versuchen innerhalb eines gewissen Zeitfensters möglichst viele Arbeiten zu erledigen. Der zeitlich bemessene Aufwand hängt eng mit der unmittelbaren Zielvorstellung zusammen. Diese Ziele können in der gleichen Situation für Beteiligte aus Deutschland und Korea unterschiedlich sein. In zahlreichen Situationen haben deutsche Beobachter das Gefühl, in Korea werde generell viel Zeit „verschwendet". Smalltalks werden beispielsweise während wichtiger Verhandlungen oder unfruchtbarer Diskussionen geführt. Bereits getroffene Entscheidungen werden nach der ersten Umsetzungsphase einfach wieder verworfen oder komplett abgeändert. In der westlichen Welt wird die effektive Nutzung von Zeit an sichtbaren Ergebnissen gemessen. Was hat man in den zwei Stunden Verhandlung erreicht? Bei wie vielen Punkten konnte eine Einigung erzielt werden? Ein Deutscher, der nach einer ersten Verhandlungsrunde aus Korea ohne „handfeste", sichtbare Ergebnisse wie einen schriftlichen Vertrag nach Hause kommt, hat nach Ansichten seiner deutschen Kollegen nichts erreicht. Augenscheinlich war die Reise eine Verschwendung von Reisekosten und Arbeitszeit. Für Koreaner kann das Ergebnis der gleichen Verhandlung durchaus erfolgreich und wertvoll gewesen sein. Koreaner prüfen potentielle Vertragspartner auf „Herz und Nieren", bevor sie bereit sind, sich auf die eigentlichen Vertragsinhalte einzulassen. Koreaner stellen sich Fragen wie: „Passen wir von den Vorstellungen her zusammen?", „Machen sie den Eindruck, dass ihnen das Geschäft mit uns wichtig ist?", „Sind sie vertrauenswürdig?", „Haben sie ausreichend finanzielle Mittel und die nötigen Erfahrungen, um erfolgreich zu sein?", „Nehmen sie uns als potentiellen Geschäftspartner auch wirklich ernst?" Und all diese Fragen wollen beantwortet werden, bevor die eigentlichen Vertragsgespräche beginnen können. Beim ersten Treffen werden daher selten Entscheidungen über Geschäftsinhalte getroffen. Selbst wenn es sich während der Gespräche herausstellen sollte, dass man keine geschäftliche Beziehung eingehen kann, wird dies nicht als verschwendete Zeit gesehen. Denn schließlich hat man doch wieder Beziehungen geknüpft, die in der Zukunft eine Relevanz haben könnten. Im ersten Gespräch ist das selbst auferlegte Ziel der koreanischen Seite herauszufinden, ob die Gegenseite als ernster Geschäftspartner in Frage kommt. Mittelfristiges Ziel ist es, eine reibungslose Verhandlung zu führen und ein gutes Ergebnis zu erzielen. Als langfristiges Ziel gilt der reibungslose Verlauf der Geschäftsbeziehungen und Vermeidung von Reibungspunkten und Konflikten, die einer weiteren, zukünftigen Partnerschaft abträglich wären. Vor diesem Hintergrund lohnt sich ein initialer Invest, die koreanische Seite kennen zu lernen.

Koreaner wenden für Planungen nicht viel Zeit auf. Vielmehr gehen sie relativ schnell in die Umsetzung über. Oftmals um dann festzustellen, dass der Plan so nicht funktioniert. Dann wird er geändert, angepasst oder ganz verworfen. Für Außenstehende wirkt diese Vorgehensweise eher unprofessionell und scheint ein Mangel an Erfahrung zu sein. Verständlicher wird dies, wenn man den Charakter und das Wesen der Koreaner näher betrachtet.

Koreaner sind weniger Theoretiker, als vielmehr Pragmatiker. Detaillierte Planungen erscheinen ihnen als „Zeitverschwendung". Die Erfahrung lehrt sie, dass es während der Umsetzungsphasen immer wieder zu Veränderungen im Ablauf kommen kann, die in der Planung unberücksichtigt geblieben sind, weil sie nicht vorhersehbar waren. Diese Änderungen können mitunter sogar die gesamte Planung umwerfen. Ein oftmals zitiertes Beispiel hierfür sind neue Kundenanforderungen oder eine veränderte Marktentwicklung, der Rechnung getragen werden muss.

Man entwirft also eher ein grobes Planungsgerüst. Die einzelnen Umsetzungsphasen, für die jeweils Zeitabschnitte fest definiert werden können, werden dann genauer betrachtet und durchdacht. Abhängig vom Fortschritt während der laufenden Umsetzung, beginnt man mit den nachfolgenden Phasen. So lässt man sich die Möglichkeit, die „Adhoc Planung" auf plötzliche Veränderungen schnell anpassen zu können und diese mit in den weiteren Ablauf einzubeziehen.

Obwohl diese Vorgehensweise gängige Praxis in Korea ist, haben deutsche Geschäftspartner auch schon einen anderen Eindruck von ihren koreanischen Kunden gewonnen. Diese verlangen von ihnen eine sehr detaillierte Planung. Diesen Plan benötigen koreanische Verhandlungspartner, um sie wiederum ihren Berichten an Vorgesetzte beizufügen. Im weiteren Geschäftsverlauf werden diese wiederum genutzt, um Umsetzung und Verlauf

zu kontrollieren und ggf. entsprechend Druck auf die deutsche Seite auszu-
üben.

Tipp: Eine ausreichende Zeitplanung ist auch hier zielführend. Sind Sie
der Meinung, eine vertrauensvolle partnerschaftliche Basis aufgebaut zu
haben, pflegen Sie ihre Beziehungen kontinuierlich. D.h. bleiben Sie in
Kontakt. Ein gelebtes Netzwerk und aktive Kontakte bedeuten in Korea
letztendlich auch Zeitersparnis. Sei es bei der Einigung über Verträge, bei
der Lösung von Problemen oder auch um Neugeschäft zu generieren oder
Informationen zu beschaffen. All dies erreichen Sie durch gut gepflegte
Kontakte wesentlich schneller. Dies ist auch der Grund dafür, dass das
Pflegen von privaten Beziehungen via Internet oder Telefon in koreanischen Unternehmen erlaubt ist. Berufliches wird von Privatem nicht strikt
getrennt. Im Umkehrschluss heißt das; verbietet eine ausländische Firma
die Nutzung der Arbeitszeit für private Belange, sind auch die Mitarbeiter
nicht bereit, ihre privaten Kontakte zum Nutzen der Firma bereit zu stellen.

Haben Sie einen Geschäftstermin in Korea bereits vor einiger Zeit festgelegt, erkundigen Sie sich vor ihrer Anreise, ob der Geschäftspartner auch
wirklich Zeit für Sie hat. Rechnen Sie damit, dass sich Termine kurzfristig
verschieben können oder ganz abgesagt werden. Nehmen Sie dies nicht
persönlich und schonen Sie ihre Nerven. Gehen Sie davon aus, dass Ihre
jeweiligen Geschäftspartner häufig nicht hierfür verantwortlich zu machen
sind. Auch Verzögerungen aufgrund von kurzfristigen Terminverschie-
bungen sollten Sie stets mit einplanen. Ggfs. können Sie so andere Termine
vorziehen.

Wenn Sie mit Koreanern an Projekten arbeiten, halten Sie regelmäßig engen Kontakt, auch wenn alles anscheinend reibungslos und unproblema-
tisch läuft. Durch den engen Kontakt erfahren Sie frühzeitig von möglichen Problemen und können Ihrerseits eventuell Maßnahmen ergreifen,
um einer möglichen Verzögerung der Termine entgegenzuwirken und
drohende Konflikte zu vermeiden.

Hier gilt: „Zeit hat man nie, aber Zeit muss man sich nehmen." Deutsche
Geschäftspartner koreanischer Unternehmen beschleicht oftmals das Ge-

fühl, dass sie ihre kostbare Zeit ergebnislos vergeuden. Im Gegenteil, ein guter, persönlicher Zugang zu Ihrem Geschäftpartner ist ein nicht zu unterschätzender Garant für die gemeinsame Zielerreichung und letztlich Ihres persönlichen Erfolges.

7.8   Motivation der Mitarbeiter

Finanzielle Anreize üben auch auf koreanische Mitarbeiter eine gewisse Motivation aus. Eine positive Arbeitsatmosphäre genießt bei vielen Koreanern jedoch einen noch höheren Stellenwert. Gerade weil der Kontakt zu Vorgesetzten und Kollegen eng ist – schließlich betrachtet man diese Menschen als seine (Firmen-) Familienmitglieder – wird ein gutes Arbeitsklima und ein harmonisches, zwischenmenschliches Verhältnis sehr geschätzt. Zu den Aufgaben eines Chefs gehört deshalb auch, genau zu wissen, wie er die einzelnen Mitarbeiter motivieren kann. Hier kann er auf ein ganzes Instrumentarium zurückgreifen:

Teambildende Maßnahmen, die den Zusammenhalt stärken sind die oben bereits erwähnten, gemeinsamen Abendessen, aber auch Betriebsausflüge oder die gemeinsame Teilnahme an Sportfesten und ähnlichen Aktivitäten. Für Motivationsschübe bei einzelnen Mitarbeitern sorgt man, indem man Ihnen Auslandsreisen oder Weiterbildungsmaßnahmen zukommen lässt.

Der Vorgesetzte muss seine Mitarbeiter und deren private Lebensverhältnisse gut kennen. Nur dann weiß er, wie er den Einzelnen stärker in die Gruppe integriert und motiviert. Dafür beschreiten koreanische Chefs mitunter Wege, die für Deutsche Tabu sind, denn in Korea werden private und geschäftliche Angelegenheiten nicht voneinander getrennt betrachtet. Beinträchtigen private Umstände die berufliche Leistung, kümmern sich koreanische Vorgesetzte durchaus auch um die privaten Belange ihrer Mitarbeiter und helfen bei der Problemlösung, damit diese sich wieder vollkommen auf ihre Arbeit konzentrieren können. Da ein Vorgesetzter stark von der Leistungsbereitschaft seiner Mitarbeiter abhängt, kann er seine Position im Unternehmen nur festigen, indem er für eine funktionierende Interaktion aller Mitglieder seines Teams sorgt.

Lob und Anerkennung sind für koreanische Mitarbeiter sehr wichtig. Sie müssen das Gefühl haben, dass sie für das Unternehmen nicht nur wichtig sind, sondern für ihren erfolgreichen und leistungsgerechten Arbeitseinsatz etwas von der Firma oder ihrem Vorgesetzten zurück erhalten. Dabei spielt die Art des Gegenwertes meist eine eher untergeordnete Rolle. Es kann ein ausgesprochenes Lob sein, eine Anerkennung für Verdienste in Form eines Schriftstückes oder Zertifikates oder eine Bonuszahlung. Bei Würdigungen wird immer zuerst die Gruppe mit ihrer erbrachten Gesamtleistung gelobt. Hiernach werden bei Bedarf individuelle Einzelleistungen von Mitgliedern der Gruppe hervorgehoben. War der Einsatz einzelner wirklich überragend, wird auch dies entsprechend gewürdigt. Koreaner lieben es nicht, einzeln aus der Gruppe hervorgehoben zu werden. Gemeinsam den Erfolg eines Projektes zu feiern, ist fester Bestandteil am Ende einer erfolgreichen Realisierung.

Tipp: Lernen Sie Ihre Mitarbeiter genau kennen. Finden Sie heraus, was für sie wichtig ist und womit sie sich motivieren lassen. So ungewohnt es klingen mag; koreanische Mitarbeiter brauchen das Gefühl, dass ihre Vorgesetzen sich um sie kümmern. Halten Sie also engen Kontakt zu Ihren Mitarbeitern und sparen Sie nicht mit Lob bei guter Leistung. Wurde ein Projekt erfolgreich abgeschlossen, so feiern Sie dies auch entsprechend. Ermuntern Sie Ihre Mitarbeiter zu selbständigem Denken und zielgerichteter Arbeitsweise. Gewähren Sie ihnen Freiräume für eigenverantwortliches Arbeiten. Seien Sie sich jedoch bewusst und akzeptieren Sie, dass Sie bei Fehlern und Versäumnissen die Hauptverantwortung tragen. Heben Sie die hierarchischen Strukturen nicht auf. Erwarten Sie Respekt Ihrer Person gegenüber, wenn Sie in leitender Stellung sind. Ein unzufriedener Mitarbeiter kann die Atmosphäre der gesamten Gruppe negativ beeinflussen. Daher ist es wichtig, destabilisierende Tendenzen innerhalb der Gruppe im Auge zu behalten und diese frühzeitig zu neutralisieren. Sollten hierzu Mitarbeitergespräche notwendig sein, tun Sie dies bitte unter vier Augen. Achten Sie dabei auf Ihre Gesprächsführung. Es wäre nicht ratsam, gleich mit der Tür ins Haus zu fallen und den Mitarbeiter direkt auf das „Problem" anzusprechen. Er könnte dies als wenig konstruktiv und als persönliche Kritik werten. Beachten Sie während des Gesprächsverlaufes die allgemeinen Feedback-Regeln. Sagen Sie dem Mitarbeiter etwas Positives zu Beginn des Gespräches, damit dieser sich für die nachfolgende sachliche Kritik öffnet und sich nicht so schnell persönlich angegriffen fühlt. Nach dem Sie das Problem mit ihm besprochen haben, sollten Sie ihm Ihrerseits bei der Lösung Unterstützung anbieten.

7.9 Entscheidungsprozesse

In Anbetracht der Vielzahl an Hierarchieebenen in koreanischen Unternehmen wundert es nicht, dass koreanische Manager, im Vergleich zu ihren deutschen Kollegen, mit geringeren Entscheidungskompetenzen ausgestattet sind. Entscheidungswege sind entsprechend lang. Bis alle benötigten Unterschriften aus den verschiedenen Ebenen eingeholt sind, können viele Tage, Wochen oder auch Monate vergehen. In Korea hält man an diesem linearen Prozess innerhalb der Entscheidungskette fest. Es ist nicht möglich eine Ebene zu überspringen und erst jemand anderen unterschreiben zu lassen, nur weil der Betreffende gerade nicht da ist. Fehlen nach Ansicht eines Unterschriftberechtigten zusätzliche Information oder Unterlagen, wird die Unterzeichnung abgelehnt und das Schriftstück an den Vorgänger zurück gegeben. Nach der Vervollständigung „erklimmen" die Unterlagen dann, wie zuvor, die einzelnen Ebenen Stufe um Stufe auf der Hierarchietreppe.

Solange jedoch die Unterschrift des Ranghöchsten im Unternehmen unter einem Schriftstück fehlt, kann es jederzeit widerrufen werden. Auch wenn alle untergeordneten Ebenen ihre Zustimmung bereits gegeben haben, kann die ranghöchste Instanz diese Zustimmung immer noch verweigern. Dabei wird keine Rücksicht darauf genommen, wie viel Zeit bereits in die Vorbereitungen investiert worden ist. Dieser Umstand macht die Zusammenarbeit für ausländische Unternehmen mit Koreanern oftmals schwierig.

Tipp: Informieren Sie sich über die Hierarchieebenen Ihrer Geschäftspartner. Entscheidungen können nur als verbindlich angesehen werden, wenn die verantwortliche Ebene ihre Freigabe hierzu erteilt hat. Versuchen Sie herauszufinden, welche Ebene die letzte Instanz ist. Sie können jedoch auf die Entscheidung ihres Geschäftspartners vertrauen, wenn Sie ihn gut kennen und die Erfahrungen der Vergangenheit gezeigt haben, dass man sich auf sein Wort verlassen kann. Informieren Sie sich immer über die Teilnehmer zu den geplanten Verhandlungen und versuchen Sie bereits früh, mit Entscheidungsträgern einen Termin zu vereinbaren. Das bedeutet unter Umständen, dass auch Sie Ihrerseits Vertreter einer höheren Ebene in die Verhandlung mitnehmen müssen, auch wenn die Person nicht in die jeweiligen Projekte eingeweiht ist. Zumindest zu Beginn der Verhandlungen sollte er dabei sein, denn Koreaner gehen bei Anwesenheit ranghoher Firmenvertreter davon aus, dass Entscheidungen direkt vor Ort getroffen werden können und sie von allen Anwesenden mitgetragen werden. Dies bedeutet für alle eine nicht zu unterschätzende Zeitersparnis und wertet die Verhandlung auf.

Es kommt auch schon mal vor, dass Koreaner eine Verhandlung absagen, wenn Sie der Ansicht sind, dass nicht die von Ihnen erwartete Ebene personell vertreten ist. Haben Sie sich während der Verhandlungen über eine Umsetzung von Maßnahmen bzw. Aktionen geeinigt, fragen Sie nach den konkreten Schritten bei dieser Umsetzung. Erfragen Sie, wer auf koreanischer Seite verantwortlich sein wird, bei wem und wann Sie sich über den weiteren Verlauf informieren können und legen Sie Termine für Umsetzung und Abschluss von Aktionen fest. Dazu gehört auch Unterstützung von Ihrer Seite für die nächsten Schritte anzubieten. Bleiben Sie in diesen Punkten konkret und verbindlich.

7.10   Einstellung zu Verträgen

Grundsätzlich unterscheidet sich die koreanische Haltung zu rechtsgültig geschlossenen Verträgen vom Verständnis deutscher Unternehmen. Schließt man in Deutschland Verträge ab, um sich im Sinne des Wortes zu vertragen, benötigt man nach koreanischer Denkweise keine Verträge, wenn man sich verträgt. Traditionell werden in Korea persönliche Beziehungen zwischen Geschäftspartnern stärker gewichtet als anonyme Verträge. Geschäftsbeziehungen basieren auf Vertrauen und „gesundem Menschenverstand."

In Deutschland können nach langjähriger, vertrauensvoller Zusammenarbeit aus Geschäftspartnern auch gute Freunde werden. Koreaner ziehen vertrauensvolle Freunde als Geschäftspartner vor. Sie sind überzeugt, dass ein gewisses Maß an Vertrauen für eine erfolgreiche Zusammenarbeit unerlässlich ist. Denn die Pflicht zur Einhaltung von Vereinbarungen wird nicht in erster Linie durch den Vertragstext bzw. das Gesetz geregelt, sondern durch den Rahmen, den das soziale Netzwerk vorgibt. Erlaubt sich eine Person oder ein Unternehmen einen groben Verstoß gegen diesen ungeschriebenen Verhaltenskodex, spricht sich dies sehr schnell herum. Damit sind zukünftige Geschäfte nur noch schwerlich zu generieren.

Durch die zunehmende Internationalisierung und die mit der Globalisierung verbundene Öffnung gegenüber ausländischen Investoren hat sich die Bedeutung der Verträge in Korea verändert. Sie haben nun verstärkt auch mit Geschäftspartnern zu tun, die sie nicht kennen und bei denen sie keine Absicherung durch ihr traditionelles, innerkoreanisches Netzwerk haben. In diesen Fällen gibt der gemeinsame Vertrag den Rahmen vor. Dennoch sehen Koreaner einmal abgeschlossene Verträge nicht als Schlusspunkt einer Verhandlung an, sondern eher als Beginn der gemeinsamen, zukünftigen Zusammenarbeit. Der Vertrag hat in ihren Augen daher eher den Charakter einer Absichtserklärung. Deshalb sollte es kein bis in die kleinsten Details hin ausgearbeitetes Papier sein, sondern ein flexibles Dokument, das den veränderten Rahmenbedingungen angepasst werden kann.

Tipp: Bestehen Sie auf einem sehr detaillierten Vertrag, der Eventualitäten mit aufnimmt. Sichern Sie dabei ab, ob die koreanische Seite die Inhalte auch in Ihrem Sinne interpretiert und versteht. Halten Sie dies für sich fest, damit Sie bei späteren Rückfragen auf der sicheren Seite sind. Sollte es später Änderungswünsche seitens des Geschäftspartners geben, halten Sie nicht um jeden Preis am einmal unterschriebenen Vertragstext fest. Zeigen Sie sich vielmehr offen für ein Gespräch. Schnelle Ablehnung kann bei Koreanern zu einer Vielzahl von unerwünschten Reaktionen führen: „Die deutschen Partner sind unflexibel.", „Wir haben schlecht verhandelt, und sie wollen ihren Vorteil nicht aufgeben.", „Sie gehen nicht auf unsere besondere Situation ein.", „Sie wollen nur kurzfristig ein profitables Geschäft machen.", „Sie sind nicht an einer langfristigen Zusammenarbeit mit uns interessiert.", „Sie sind keine vertrauenswürdigen Partner." Folge dieser Unstimmigkeit kann die Ablehnung der weiteren Zusammenarbeit sein: „Wir wollen in Zukunft keine Geschäfte mehr mit ihnen machen und von nun an müssen wir auch keine Rücksicht mehr auf sie nehmen. Wir haben kein gemeinsames Ziel, sondern die andere Seite ist nur an ihrem Vorteil interessiert." Diese Situation kann die verbleibende Zeit der Geschäftsabwicklung äußerst schwierig machen, da Koreaner sich nun nicht mehr verpflichtet fühlen, Rücksicht zu nehmen. Zeigen Sie sich also offen für Gespräche und verhandeln Sie, wenn nötig mehrmals über bereits vertraglich geregelte Punkte. Sollte ein Entgegenkommen Ihrerseits nicht möglich sein, erläutern Sie die Gründe hierfür genau. Können Sie dem Wunsch der koreanischen Seite in keinster Weise nachkommen, signalisieren Sie ein Entgegenkommen in anderen Punkten oder sorgen Sie für einen adäquaten Ausgleich. Erläutern Sie jedoch auch die Gründe für Ihr Entgegenkommen genau. Kommen Sie Änderungswünschen zu schnell nach, könnte dies wiederum den Verdacht nähren, dass die koreanische Seite zuvor zu Ihrem Nachteil verhandelt hat.

Verhält sich die Situation jedoch umgekehrt und Sie benötigen eine Änderung des Vertrages, lassen Sie sich durch eine erste Ablehnung nicht entmutigen. Koreaner wissen, dass der Verweis auf den bindenden Vertragstext in westlichen Kulturen als Argument akzeptiert wird. Fragen Sie nochmals nach. Eine Wiederholung derselben Aktion drückt die Wichtigkeit oder Dringlichkeit für Sie aus. Erkennt die koreanische Seite dies, wird Sie den Punkt sicherlich neu überdenken und auch Ihnen gegenüber ggf. Entgegenkommen signalisieren.

7.11   Die Beziehung zwischen Kunde und Lieferant

Kunden sind in Korea Könige. Das Verhältnis Kunde-Lieferant lässt sich mit der Beziehung König-Untertan nach den Fünf-Beziehungen des Konfuzius vergleichen. Es ist eine klar definierte Rollenverteilung. Kunden haben das Geld und artikulierte Bedürfnisse. Lieferanten bedienen diese Bedürfnisse für Geld und leben davon.

Die Identifizierung der Mitarbeiter mit der Firma ist sehr eng. Sie wissen also, dass die Existenz des Unternehmens und ihre eigene ohne Kunden auf dem Spiel steht. Daher genießen Kunden in Korea eine Sonderbehandlung. Egal wo man als Kunde auftritt, man wird als solcher behandelt. Selbst einfache Angestellte in einem Ladengeschäft behandeln Kunden äußerst zuvorkommend. Sie leben ebenfalls von dem Geld, das Kunden im Geschäft ihres Chefs ausgeben.

Kunden suchen in ihren Lieferanten Geschäftspartner, die ihre Wünsche und Anforderungen professionell erfüllen können und an einer langfristigen Partnerschaft interessiert sind, die Ihnen eine Sonderstellung einräumt. Am Anfang einer Geschäftsbeziehung genießen Kunden noch nicht die Sonderbehandlung und den privilegierten Status, der ihnen nach einer langjährigen vertrauensvollen Zusammenarbeit zugestanden wird. Anders als in westlichen Ländern, in denen die betriebliche Beschaffung und Versorgung aufgrund der finanzmarktpolitischen Rahmenparameter sehr preisgetrieben ist, achten koreanische Kunden ihre langjährigen Lieferanten und geben diese nicht leichtfertig auf, selbst wenn die Konditionen schlechter sind als bei anderen. Die Kunden wissen, dass sie bei der Wahl eines neuen Lieferanten nicht mit der gewohnten Priorität bedient werden. Zudem brauchen koreanische Kunden das Gefühl, sich auf bekannte Bezugsgrößen, verlassen zu können. Der Aufbau und die Pflege einer neuen Lieferantenbeziehung ist zudem zeitaufwendig und mit Prozesskosten verbunden. In Korea fehlt das Verständnis für eine gleichberechtigte Beziehung zwischen Kunde und Lieferant, wie es in westlich geprägten Ländern die Regel ist. Koreaner legen jedoch großen Wert auf eine Beziehung, die auf Vertrauen und Respekt aufbaut. Kunden suchen in ihren Lieferanten Geschäftspartner, die ihre Wünsche und Anforderungen professionell erfüllen können, die an einer langfristigen Partnerschaft interessiert sind und ihnen eine Sonderstellung einräumt.

Tipp: Behandeln Sie koreanische Kunden mit Respekt und geben Sie ihnen stets das Gefühl, wichtig zu sein. Gehen Sie soweit möglich auf ihre individuellen Wünsche ein. Falls dies nicht möglich sein sollte, erläutern Sie die Gründe hierfür sehr genau. Nachfolgend finden Sie Beispiele für mögliche Anforderungen, auf die Sie treffen können.

Samsung und LG sind direkte Konkurrenten im Bereich der LCD-Produktion mit gemeinsamen Lieferanten in Deutschland. Beide Konzerne bestehen darauf, dass die zuständigen Mitarbeiter des deutschen Lieferanten für Samsung und LG räumlich getrennt arbeiten. So unterbinden Sie einen unerwünschten Informationsaustausch. Manche Unternehmen schreiben eine bestimmte Kleiderordnung vor. Z. B. ist das Tragen von Jeanshosen untersagt, auch in der Produktion. Innerhalb von Projekten kann es vorkommen, dass die koreanische Seite explizit den Austausch eines Projektverantwortlichen auf deutscher Seite wünscht. Nehmen Sie solche und weitere Wünsche Ihrer koreanischen Kunden ernst und achten Sie auch darauf, wie zufrieden sie mit der von Ihnen gelieferten Leistung sind. Vergessen Sie bitte nicht, dass Sie alle Ihre koreanischen Kunden gleichermaßen als wichtig behandeln. Referenzen und Empfehlungen sind in Korea immens wichtig. Ein unzufriedener Kunde kann möglicherweise schon das frühe Ende Ihres Engagements bedeuten. Gleichsam kann aber auch ein zufriedener Kunde Signalwirkung haben und den Beginn einer sehr erfolgreichen Zukunft für Ihr Geschäft ebnen.

7.12   Verhandlungen

Koreaner gelten als harte Verhandlungspartner. Insbesondere ausländische Partner haben so ihre Schwierigkeiten mit dem teilweise arroganten Auftreten der koreanischen Seite. Dieses Verhalten liegt jedoch darin begründet, dass die koreanische Seite als Kunde auftritt und ein entsprechendes Entgegenkommen erwartet. Denn in Korea sind Kunde und Lieferant keine gleichberechtigten Geschäftspartner, die auf Augenhöhe verhandeln. Während der Verhandlung möchten die Kunden ihren Status gewahrt wissen. Es fängt z.B. damit an, dass von Lieferanten erwartet wird, dass sie pünktlich zum Treffen erscheinen. Kunden dagegen verspäten sich häufig, manchmal auch um ihrer Position Nachdruck zu verleihen. Koreaner kommen zudem selten alleine zu einer Verhandlung. Gerade in dieser Situation fühlen sie sich innerhalb ihrer Gruppe sicherer. Findet die Verhandlung direkt im Gebäude der koreanischen Seite statt, werden auch einige Personen teilnehmen, die augenscheinlich keinen aktiven Part haben. Manchmal geht es schlicht

darum, einfach durch die Mehrzahl an Personen Überlegenheit zu demons-
rieren. In einigen Fällen zieht man auch Mitarbeiter hinzu, die am jeweiligen
Projekt beteiligt sind und eventuelle Fragen beantworten oder stellen könnten. Nicht zu letzt können Mitarbeiter auch hinzugezogen werden, um zu
lernen, wie Verhandlungen ablaufen. Die Verhandlung folgt einem ritualisierten Ablauf. Sie wird in der Regel vom Ranghöchsten eröffnet. Trifft man
sich zum ersten Mal in gemeinsamer Runde, heißt er nicht nur die Gäste
Willkommen, sondern bringt ebenso seine Hoffnung auf ein gutes Ergebnis
zum Ausdruck. Dabei kann er etwas ausschweifend wirken. Diese Worte
bekräftigen jedoch die Absicht einer guten Zusammenarbeit und sollen für
eine angenehme Atmosphäre sorgen. Nach der Einführung kann die Verhandlung durch einen anderen Mitarbeiter weitergeführt werden. Der
Ranghöchste trifft jedoch letztendlich die wichtigen Entscheidungen. Daher
muss man seine Person jederzeit mit berücksichtigen und ggf. zum richtigen
Zeitpunkt einbeziehen. Seine Anwesenheit kann auch die Wichtigkeit des
Projektes ausdrücken und ist in jedem Falle als Vorteil zu werten. Denn sind
Entscheidungsträger nicht anwesend, ziehen sich Verhandlungen wesentlich
länger hin, Entscheidungen können, wenn überhaupt, nur eingeschränkt
getroffen werden und das nur innerhalb eines Rahmens, der wiederum von
oben vorab vorgegeben wurde. Sprengt ein Punkt jedoch diesen Rahmen,
muss auf jeden Fall erst Rücksprache mit dem Vorgesetzten gehalten werden. Aus diesen Gründen ist es wichtig, die Teilnehmer der Gegenseite zu
kennen. Bei gleichlautenden Titeln, kann eher davon ausgegangen werden,
dass die koreanischen Partner über weniger Entscheidungskompetenzen
verfügen.

Koreaner sind aufgrund ihrer Sozialisierung überaus „feinfühlig" und können erspüren, ob zwischen den Beteiligten auf der deutschen Seite Harmonie
herrscht oder nicht. Etwaige Unstimmigkeiten können sie entsprechend zu
ihrem Vorteil nutzen. Zeit ist bei Koreanern kein Faktor, der die Verhandlung bestimmt. Es ist nicht wichtig, innerhalb einer gewissen Zeit ein Ergebnis zu erzielen. Wichtig ist, eine Position zu erreichen, mit der beide Seiten
arbeiten und die gemeinsame Kooperation weiter vorantreiben können. Einzelne Punkte können jedoch für Koreaner von so großer Bedeutung sein,
dass sie sich in diesen Punkten absolut unnachgiebig zeigen. Dafür werden
sie dann aber Bereitschaft signalisieren, an anderer Stelle zurückzustecken.

Verhandlungen verlaufen nicht immer linear nach einer bestimmten Agenda. Bei Bedarf springen Koreaner zwischen Punkten hin und her oder sie verwerfen bereits festgestellte Ergebnisse. Einzelne Verhandlungspunkte werden nicht losgelöst betrachtet, sondern nur als Gesamtpaket. Beschleicht die koreanische Seite bspw. das Gefühl, sie hätte bisher zuviel nachgegeben und erreiche ihr angestrebtes Ziel in den verbleibenden Punkten nicht, kann es passieren, dass für die weiteren Verhandlungen alle bereits verhandelten Punkte wieder aufgegriffen und neu hinterfragt werden.

Wenn ein Koreaner wiederum ein Ziel zu leicht erreicht, weil die deutsche Seite freiwillig Zugeständnisse gemacht hat, kann auch dies Misstrauen hervorrufen. Möglicherweise bewegen ihn dann folgende Gedanken: „Warum gibt mir der andere etwas freiwillig?", „Hat sein Produkt einen Fehler?", „Ist es ein Auslaufmodell?", „Habe ich bisher schlecht verhandelt?", „Ist der Preis sowieso überteuert gewesen?", „Ist da vielleicht noch mehr drin?". Anstatt sich über das Entgegenkommen zu freuen, könnte sich das Ende der Verhandlung nun noch weiter hinauszögern. Koreaner hinterfragen misstrauisch jeden Punkt, auch einen ggf. aus Freundlichkeit gewährten Nachlass. Sie wollen genau wissen, wie ein gewisser Preis zustande kommt und Argumente hören, die ihnen einleuchten. Ein Beispiel:

Ein Deutscher möchte eine deutsche Waschmaschine verkaufen. Er argumentiert, dass die Waschmaschine sehr sparsam und von hoher Qualität sei. Die Maschine würde mindestens 20 Jahre halten. Zur Zeit würde eine Aktion laufen und der Kunde würde 5 Prozent Rabatt erhalten. Der Koreaner legt Wert auf gute Qualität, allerdings fragt er sich, ob er eine Waschmaschine 20 Jahre lang behalten möchte und dafür soviel Geld ausgeben soll. Dagegen sprechen auch die immer kürzer werdenden Produkt-Lebens-Zyklen und fortschreitende technische Innovationen, durch die in naher Zukunft Maschinen auf den Markt kommen werden, die noch moderner und sicherlich auch noch sparsamer im Verbrauch sein werden. Das scheinbar positive Verkaufsargument stößt bei Koreanern eher auf Ablehnung und sie entscheiden sich gegen einen Kauf. Besser wäre es, über das Image „Made in Germany" als innovatives Produkt und Luxusmarke zu argumentieren.

Während der intensiven Verhandlungen kann es auf koreanischer Seite zu emotionalen Ausbrüchen kommen. Diese können sowohl verbal als auch physisch sein, wenn bspw. Ihr Gesprächspartner mit der Faust auf den Tisch haut. Koreaner reagieren mitunter so, wenn sie sich in die Enge getrieben fühlen. Wenn sie merken, dass sie keine Möglichkeit haben, das Blatt zu ihren Gunsten zu wenden. Ein anderer Grund für solche Ausbrüche könnte jedoch auch eine Nicht-Beachtung des Status durch die deutsche Seite sein; bspw. wenn ein junger deutscher Vertriebsbeauftragter seinem Gegenüber, einem älteren koreanischen Kunden, ins Wort fällt, ihn unterbricht, ihn berichtigt und offenkundig wenig Respekt entgegen bringt.

Häufig betrachten koreanische Manager das jeweilige Projekt im partnerschaftlichen Gesamtkontext. Erfahrungswerte aus früheren Kooperationen und die Abwägung auf mögliche Projekte in der Zukunft spielen in ihre Überlegungen hinein. Sie werden versuchen, die künftige Zusammenarbeit der Gegenseite mit möglichen Großprojekten noch schmackhafter zu machen, um bessere Konditionen für das aktuelle Geschäft zu erzielen. Für koreanische Lieferanten ist dies durchaus ein Argument, denn sie sehen nicht nur das gegenwärtige Geschäft, sondern denken an eine langfristige Beziehung. So lassen sie sich auch durchaus auf Geschäfte mit Neukunden ein, die weniger profitabel sind. Treibende Ziele bei Erstgeschäften sind häufig Neukundengewinnung, Empfehlungen als kompetenter Lieferant und der Zugewinn von Marktanteilen. Verläuft das Geschäft zufriedenstellend für beide Seiten, steht einer weiteren Zusammenarbeit nichts im Wege. Koreanische Kunden ziehen häufig Lieferanten vor, mit denen sie bereits ein erfolgreiches Geschäft abgeschlossen haben. Gerät die Verhandlung ins Stocken oder kommt man an einem gewissen Punkt nicht voran, kann dies verschiedene Gründe haben. Möglicherweise ist man an einem Diskussionspunkt angelangt, mit dem man den Kompetenzrahmen der Gegenseite überschritten hat. Um sein Gesicht nicht zu verlieren, sträubt sich die koreanische Seite, dies zuzugeben oder offen zu kommunizieren. Möglich ist jedoch auch, das die koreanische Seite auf ihrem Standpunkt beharrt und sich absichtlich keinen Deut bewegt. Intention ist dann, durch Zermürbungstaktik nach dem Motto „Steter Tropfen höhlt den Stein", das anvisierte Ziel zu erreichen. Eine weitere, gern verwandte Taktik ist es, gleiche Fragen zu verschiedenen Zeitpunkten während der Verhandlung zu wiederholen, um festzustellen, ob die Antworten variieren, ob das Vereinbarte nach wie vor Gültigkeit hat. Zu Verhandlungen gehört auch ein Rahmenprogramm.

Durch ein gemeinsames Essen begleitet von einer unterhaltsamen Darbietung versuchen Koreaner, ihre Partner besser kennen zu lernen und eine „gemeinsame Sprache" zu finden. Auch wenn am nächsten Tag keiner der koreanischen Gesprächspartner über den gemeinsamen Abend mehr spricht, kann in den meisten Fällen eine bessere Gesprächsatmosphäre festgestellt werden. Koreaner bereiten sich generell sehr gut auf Verhandlungen vor. Oft kennen Firmen ihre eigenen Wettbewerber und die Wettbewerber ihrer Verhandlungspartner sehr gut. Mitunter versuchen sie über Umwege an die Produkte ihrer Wettbewerber zu gelangen, um diese gründlich zu analysieren. Über ihr Netzwerk haben sie häufig auch Kenntnisse über die Preise ihrer Wettbewerber.

Tipp: Bereiten Sie sich gut auf die anstehenden Gespräche vor. Stellen Sie sich folgende Fragen und recherchieren Sie die Antworten.
- Mit welcher Firma haben Sie es zu tun?
- Wer nimmt von koreanischer Seite an der Verhandlung teil?
- Welcher Kollege in ihrem Unternehmen hat bereits Erfahrung mit Koreanern und kann eventuell Informationen über die beteiligten Personen der Gegenseite geben?
- Welche Historie gibt es bereits zwischen den beiden Unternehmen?

Treten Sie während der Verhandlungen als eine Einheit auf. Meinungsdifferenzen auf Ihrer Seite sollten vor dem Zusammentreffen mit Koreanern ausgeräumt sein. Respektieren Sie Alter und Positionen Ihrer Verhandlungspartner ohne unterwürfig zu wirken. Praktizieren Sie das aktive Zuhören, um Missverständnisse zu vermeiden. Achten Sie nicht nur auf das Gesagte, sondern ebenso auf Mimik und Gestik Ihrer Gesprächspartner. Bei Anzeichen von negativen Emotionen steuern Sie frühzeitig gegen. Kommt es zu emotionalen Ausbrüchen, bleiben Sie ruhig. Schlagen Sie eine Pause vor. Sollte diese Strategie mehrmals keine Wirkung zeigen, machen Sie Ihrem Gegenüber in ruhigem Ton klar, dass sein Verhalten in Ihren Augen keine Basis für eine respektvolle Zusammenarbeit darstellt. Nehmen Sie an gemeinsamen Aktivitäten außerhalb des Verhandlungsraumes teil und versuchen Sie dabei, eine Beziehung zu den Koreanern aufzubauen. Setzen Sie sich selbst nicht unter Zeitdruck. Planen Sie mehr

Zeit für die Verhandlungen ein. Wenn Sie gefragt werden, für wann Sie Ihren Rückflug gebucht haben, signalisieren Sie, dass Sie den Flug jederzeit verschieben können. Setzen Sie Ihr Ziel für das erste Treffen nicht zu hoch an. Schicken Sie vor Ihrer Reise eine Agenda mit den Punkten, die Sie gerne verhandelt haben möchten. Wenn möglich, einigen Sie sich mit der koreanischen Seite im Voraus über den Inhalt der Agenda. So geben Sie auch zu verstehen, wer aus Ihrer Sicht an den Verhandlungen teilnehmen sollte. Lassen Sie sich auch die Teilnehmerliste zuschicken. Sie können so Informationen vorbereiten, die für die Verhandlung benötigt werden. Auch wenn Sie sich auf eine gemeinsame Agenda geeinigt haben, bleiben Sie flexibel. Nur selten werden die Punkte einzeln abgearbeitet.

Beziehen Sie ruhig die gemachten Erfahrungen Ihres Unternehmens aus vergangenen und die Potentiale möglicherweise zukünftiger gemeinsamer Projekte in Ihre Argumentation mit ein. Wenn möglich, reisen Sie nicht alleine zu Verhandlungen nach Korea. Entscheidungen sollten dem Kunden überlassen werden. Zeigen Sie ihm unterschiedliche Möglichkeiten, aber drängen Sie ihm nichts auf. Der Kunde muss das Gefühl haben, dass er derjenige ist, der Entscheidungen trifft.

7.13   Umgang mit Konflikten

Durch die strenge Hierarchiestruktur in der koreanischen Arbeitswelt, kommt es selten zu Konflikten. In dieser Gesellschaft aufgewachsen und sozialisiert haben die Mitarbeiter von klein auf gelernt, Situationen zu vermeiden, die zu Konflikten führen können. Koreanische Firmen legen zudem Wert darauf, dass ihre männlichen Mitarbeiter den Militärdienst geleistet haben. Denn während der langen Militärzeit (gegenwärtig beträgt die Wehrdienstzeit zwei Jahre) lernen sie absoluten Gehorsam und Disziplin. Doch nicht alle Koreaner sind glücklich mit ihrem System. Sie hätten durchaus gerne die Möglichkeit, Entscheidungen ihrer Vorgesetzten in Frage zu stellen und Kritik offen zu äußern. Dies hieße jedoch, den Status des Vorgesetzten in Frage zu stellen. Der Mitarbeiter benähme sich nicht seiner Rolle entsprechend und würde einen Konflikt verursachen. Da es ihm nicht erlaubt ist, Hierarchieebenen zu überspringen, kann er Meinung und Kritik nur an seinen unmittelbar Vorgesetzen adressieren. Die geäußerte Kritik würde den Mitarbeiter nicht unbedingt seinen Arbeitsplatz kosten, denn Kündigungen erfordern die Zustimmung mehrerer Ebenen. Aber mit seiner offenen Herausforderung brüskiert er seinen Vorgesetzen, mit dessen Unterstützung er in Zukunft nicht mehr zu rechnen braucht. Seine Handlung kann auch den Ausschluss aus der Gruppe seiner Kollegen bedeuten, selbst, wenn sie seiner Meinung sind. Innerhalb der Gruppe steht das reibungslose Funktionieren und der Zusammenhalt, die Einhaltung der Hierarchien an oberster Stelle.

Meist nutzen Mitarbeiter versteckte bzw. indirekte Hinweise, um ihrem Vorgesetzen oder Kollegen zu verstehen zu geben, dass sie mit bestimmten Entscheidungen nicht einverstanden sind. Ihre Stimmung bzw. Gefühlslage verändert sich. Sie sind gereizt oder weniger motiviert als früher und setzen Entscheidungen nur zögerlich um. Gewarnt durch diese Anzeichen hat wiederum der Vorgesetzte die Möglichkeit, seinerseits Maßnahmen zu ergreifen, um Eskalation und einen offenen Konflikt zu vermeiden. Er kann den Rahmen schaffen, in dem der betroffene Mitarbeiter seine Kritik offen äußern kann, ohne das Gesicht zu verlieren. Ein Gespräch unter vier Augen, ein gemeinsames Essen oder die Einladung in ein Pub.

Kommt es zwischen zwei Parteien zu einer offenen Auseinandersetzung, kann es hierbei zu starken emotionalen Ausbrüchen und verbalen Attacken kommen. Dies bedeutet meist auch den Abbruch der persönlichen Beziehung. Betrifft der Konflikt jedoch Parteien, die auch in Zukunft miteinander auskommen müssen, werden Vermittler eingesetzt, die in den Konflikt schlichtend eingreifen. Ziel des Schlichters ist es, die beiden Parteien in Einzelgesprächen dazu zu bewegen, den Streit ruhen zu lassen. Seine Aufgabe ist es nicht, eine Lösung des Streites herbeizuführen, in dem jemand Recht gegeben wird. Die Aufgabe des Vermittlers ist getan, wenn ein höflicher Umgang zwischen den beiden Streitenden wieder möglich ist. D.h. der Streit wird „begraben" und man spricht nicht mehr darüber. Beide Personen werden sich gegenseitig höflich behandeln, ihren Umgang aber auf ein Minimum reduzieren. Diese unausgesprochene Einigung ist sehr fragil und erfordert ein hohes Maß an Disziplin. Beide Seiten müssen versuchen, jedwedes Konfliktpotenzial zu meiden, das den alten Konflikt wieder aufleben lassen könnte. Nach einiger Zeit der gemeinsamen Zusammenarbeit werden die neu gewonnenen positiven Erfahrungen den einstigen Streit überwiegen und einen respektvollen höflichen Umgang miteinander ermöglichen. Dabei denken Koreaner nicht, dass sie sich verbiegen oder nicht ehrlich zueinander sind. Koreaner empfinden ein solches Verhalten als Voraussetzung für die Harmonie, die im zwischenmenschlichen Verhalten einfach notwendig ist.

Tipp: Achten Sie auf mögliche Anzeichen von Konflikten. Beispiele hierfür könnten sein: Jemand ist nicht erreichbar und meldet sich trotz hinterlassener Nachrichten auf der Mailbox nicht bei Ihnen. Ihr Gesprächspartner wird laut und zeigt sich absolut unkooperativ. Bei Verhandlungen bringt die Gegenseite unsachliche Argumente hervor, die persönlich als beleidigend ausgelegt werden können. Jemand der Ihnen gegenüber erst sehr freundlich war, ist nun kurz angebunden. Über Dritte kommt Ihnen zu Ohren, dass sich jemand über Sie beschwert.

Bestehen Sie nicht darauf, dass Probleme offen diskutiert werden. Solange ein Problem nicht als solches benannt ist, können Koreaner sehr gut so tun, als würde es gar nicht existieren. Wenn es sich um eine Beziehung handelt, die nicht aufrecht erhalten werden muss, lässt man sie „auslaufen" wie einen Vertrag, den man nicht mehr verlängert. In diesem Fall geht man sich einfach aus dem Weg. Koreaner glauben, dass man sich immer mindestens zwei Mal im Leben trifft. Also sollte man auch versuchen, nicht alle Brücken abzubrechen. Mit der Zeit hat sich das Problem vielleicht von selbst aufgelöst. Handelt es sich bei den Beteiligten jedoch um Menschen, die aufeinander angewiesen sind, z.B. Kollegen, hat ein Konflikt negativen Einfluss auf die kontinuierliche Zusammenarbeit. Dann sollte man nicht zögern, einen Dritten um Rat zu fragen bzw. ihn um Vermittlung zu bitten. Der Vermittler bzw. Mediator muss auf jeden Fall eine Person sein, die von beiden Seiten respektiert wird.

Bestehen Sie nicht unbedingt auf endgültige Klärung des Problems. Auch nicht, dass Recht gesprochen wird, wenn es nicht unbedingt sein muss. Eine Partei verliert unausweichlich ihr Gesicht und der Konflikt eskaliert.

In Deutschland ist man es gewohnt, aus Fehlern zu lernen und betreibt deshalb akribisch Fehleranalysen. In Korea hält man sich nicht bei dem jeweiligen Fehler auf, sondern sucht schnellstmöglich nach Lösungen.

Auch beim Thema Konflikt gilt: Ist eine Beziehung tragfähig, können Probleme offen angesprochen und diskutiert werden. In diesem Kontext haben Koreaner keinerlei Probleme damit, Fehler offen zuzugeben. Denn sie wissen, ihr Gegenüber wird dieses Eingeständnis nicht zu seinem Vorteil missbrauchen. Bevor Sie also fordernd auf einer Klärung bestehen, sollten Sie die Qualität Ihrer Beziehung überprüfen und mögliche Konsequenzen abwägen. Versuchen Sie zu jedem Zeitpunkt des Konfliktes ruhig und sachlich zu bleiben und mögliche verbale Attacken nicht persönlich zu nehmen. Nutzen Sie die den Deutschen eigene Stärke zu Ihrem Vorteil und halten sachliche und persönliche Ebene getrennt.

8   Wissenswertes

Im Folgenden werden weitere Eigenheiten im Umgang mit der koreanischen Etikette aufgezeigt. Hierbei geht es nicht darum, dass Sie das koreanische Verhalten (z.B. bei der Begrüßung) adaptieren. Beim ersten Mal muss auch nicht alles „richtig" sein. Zeigen Sie sich vielmehr offen und lernbereit. Koreanern ist sehr wohl bewusst, dass Sie als Ausländer nicht alle koreanischen Gewohnheiten und Verhaltensmuster kennen können. Man wird sich bemühen, Ihnen die koreanischen Eigenheiten näher zu bringen.

8.1   Begrüßung

Die traditionelle Begrüßungsform in Korea ist die Verbeugung. Im Umgang mit Ausländern hat sich die im Westen übliche Form der Begrüßung durch das Drücken der rechten Hand mittlerweile durchgesetzt. Häufig kombinieren die Koreaner beide Formen. Der Händedruck ist in den meisten Fällen eher „leicht" oder „schlaff". Häufig drücken Koreaner zudem ihre Herzlichkeit der Begrüßung durch die Zuhilfenahme beider Hände aus. Der Rangniedere begrüßt den Ranghöheren zuerst und verbeugt sich tiefer als sein Gegenüber. Wenn die Verbeugung von einem Handschlag begleitet wird, bietet der Ranghöhere dem Rangniederen die Hand an. Bei der Verbeugung halten Männer ihre Arme senkrecht neben dem Körper. Frauen falten ihre Hände bei lang ausgestreckten Armen vor dem Körper. Der Grad der Verbeugung ergibt sich aus dem Hierarchieverhältnis und kann bis zu 90 Grad betragen. Wenn mehrere Mitglieder einer Gruppe begrüßt werden, dann werden sie dem Rang nach begrüßt. In Korea gilt die Regel „Ladies first" nicht.

Bei der Vorstellung gilt, dass der Jüngere dem Älteren vorgestellt wird. Das Gruppenmitglied stellt die noch unbekannte Person dem Rest der Gruppe vor. Wenn Frauen innerhalb der Gruppe vertreten sind, kann es bei der Begrüßung auch nur bei einem Kopfnicken bleiben. Warten Sie in dieser Situation die Reaktion der Frau ab. Haben Sie selbst eine Frau in Ihrer Gruppe dabei, dann ist es wichtig ihre Position und Stellung klar aufzuzeigen. In der Regel können Sie Ihre koreanischen Partner durch einen Händedruck begrüßen. Treffen Sie auf eine Gruppe von Koreanern, sollte möglichst die Rangfolge berücksichtigt werden. Ist die Hierarchie nicht offensichtlich, verhalten Sie sich etwas passiv, bis die Koreaner Ihnen der Rangfolge entsprechend die Hände reichen.

8.2   Austausch von Visitenkarten

Nach der Begrüßung werden die Visitenkarten ausgetauscht. Hierbei ist es wichtig, gewisse Rituale einzuhalten, um dem Geschäftspartner Respekt zu erweisen. Die Visitenkarte wird lesbar gedreht und mit beiden Händen überreicht. Beinahe zeitgleich muss man die Visitenkarte des Geschäftspartners mit beiden Händen entgegennehmen. Nach dem Erhalt ist es höflich, sich den Inhalt der Karte anzuschauen. Es wäre respektlos die Karte sofort einzustecken. Als Tabu gilt, auf die Visitenkarte eines anderen zu schreiben bzw. sich Notizen zu machen. Müssen jedoch Korrekturen an Telefonnummer oder ähnlichem vorgenommen werden, dann sollte die Änderung durch den ursprünglichen Besitzer erfolgen. Der Sinn des Visitenkartentausches besteht hauptsächlich darin, die Person in das bestehende Hierarchiesystem einordnen zu können. Dabei hilft die Positionsbeschreibung. Sie lässt auch Rückschlüsse über die Entscheidungsbefugnisse zu. Ist die hierarchische Stellung des Interaktionspartners festgestellt, werden beide Gesprächspartner ihr Verhalten entsprechend anpassen. Sie sollten also immer genügend Visitenkarten bei sich führen.

8.3   Verabschiedung

Bei der Verabschiedung wiederholen sich die Gesten analog zur Begrüßung. Als höflich gilt, Gäste so weit wie möglich zu begleiten, z.B. zum Auto, zum Aufzug oder zum Haupttor. Die Verabschiedungsformel unterscheidet sich sprachlich bei den Koreanern, je nachdem, ob man Bleibender oder Gehender ist.

> Floskel für den Bleibenden: *„Annyeonghi gaseyo"* (Gehen Sie in Frieden).
> Floskel für den Gehenden: *„Annyeonghi gyeseyo"* (Bleiben Sie in Frieden).

8.4　Koreanische Namen

In Korea gibt es aktuell etwa 250 gängige Familiennamen. Die häufigsten davon sind: Kim, Lee, Park und Choi. Ein Unterscheidungsmerkmal zwischen Personen mit gleichem Nachnamen ist der Abstammungs- bzw. Herkunftsort der Familie bzw. des Clans. Beispiele hierfür sind: Familie Kim, die ursprünglich aus der Stadt Kimhae stammt, Familie Kim aus Andong und so weiter. Gleiches gilt auch für die anderen Familiennamen. Ehefrauen übernehmen nach der Heirat nicht den Familiennamen des Mannes. Häufig ist es daher schwierig, den Namen der Ehefrau zu erfahren. Sprachlich nutzt man Umschreibungen: Sie ist die Ehefrau von Herrn Park, sie ist die Mutter von Cheol-su, sie ist die Tochter von …

> Koreanische Vornamen bestehen traditionell aus zwei chinesischen Schriftzeichen, in seltenen Fällen auch aus einem.
> z.B.　　Cho, Kyong-mi
> 　　　　Cho, Kyong-hee
> 　　　　Cho, Kyong-sun

An diesem Beispiel sieht man, dass alle drei Kinder der Familie eine Silbe Kyong gemeinsam haben. Dieses verbindende Namenselement steht für die Generationsbezeichnung. Der Familienname lautet Cho. Danach folgt die Generationsbezeichnung und anschließend die individuelle Bezeichnung des Kindes. Auf Visitenkarten findet man häufig nur die Initialen des Vornamens. Manche Koreaner möchten von Ausländern auch mit den initialen Buchstaben gerufen werden. „Please call me K. M." (für Kyong-mi). Damit signalisieren Sie ein Entgegenkommen, da die koreanische Aussprache der

Namen vielen Ausländern große Schwierigkeiten bereitet. Die Abkürzung
der Vornamen wurde zu Beginn der 1980er Jahre populär, als die drei wichtigsten Oppositionsführer mit Familiennamen allesamt Kim hießen. In den
Zeitungen wurden sie in der Zeit mit den Initialen ihrer Vornamen bezeichnet: D. J. (Kim Dae-jung), Y. S. (Kim Yong-sam) und J. P. (Kim, Jong-pil). Die
jüngere Generation pflegt eher die Gewohnheit, sich, so wie auch in anderen
asiatischen Staaten (bspw. Hongkong oder Singapur) gebräuchlich, englische
Vornamen zuzulegen. Diese Namen sind als „Künstlernamen" einzustufen
und nicht amtlich.

8.5   Anrede

Die Anrede einer Person richtet sich in Korea nach dessen Funktion innerhalb der jeweiligen Gruppe. Innerhalb einer Firma werden die Mitarbeiter
mit ihren Titeln angesprochen. Also Herr Präsident, Herr Vizepräsident,
Herr Abteilungsleiter. Dadurch wird die Einhaltung der Hierarchie gewähr-
leistet. Akademische Titel werden in der Firma den Positionsbeschreibungen
untergeordnet. Gibt es mehrere Abteilungsleiter, dann werden sie durch die
Nachnamen und Titel unterschieden.

Z.B.   Kim *Gwajang-nim* (Abteilungleiter Herr Kim)
      Lee *Gwajang-nim* (Abteilungsleiter Herr Lee),
      -nim ist ein Höflichkeitspartikel, der bei der Anrede angeheftet wird.

Trägt ein Koreaner keinen Titel, dann kann man davon ausgehen, dass er
erst kurze Zeit bei der Firma angestellt ist, sich in der Anlernphase befindet
und noch keinen Titel erhalten hat.

Koreanische Unternehmen drucken teilweise für internationale Geschäftsbeziehungen aus praktischen Gründen Zweit-Visitenkarten. Auf diesen werden die jeweiligen Firmenvertreter quasi auf dem Papier „befördert" und
erhalten einen Managertitel. Ein gutes Beispiel hierfür ist der „Assistant
Manager". Ein Titel, mit dem in Korea keine Entscheidungsbefugnisse verbunden sind.

Als Ausländer sollten Sie koreanische Partner nur mit Mr. und dem entsprechenden Nachnamen ansprechen. Der Gebrauch der englischen Sprache als Kommunikationsmittel erlaubt die im englischsprachigen Kulturraum übliche Anredeart. Eine unbeabsichtigte „Degradierung" des Geschäftspartners könnte durchaus zu einer peinlichen Situation führen. Die Anrede mit dem Vornamen ist nur den Familienmitgliedern und engsten Freunden vorbehalten. In vielen Unternehmen, in denen Koreaner mit Ausländern zusammenarbeiten, hat man bereits die Verwendung von Vornamen unter Kollegen übernommen. Bei Rangunterschieden sollten Sie jedoch darauf achten, dass der Ranghöhere Ihnen das Anreden mit dem Vornamen anbietet.

8.6 Die Hierarchie innerhalb eines Unternehmens

In koreanischen Unternehmen herrscht eine klare, transparente Hierarchie, die streng eingehalten wird. Das koreanische Wort *-jang* drückt eine leitende Position innerhalb einer Gruppe aus. So z.B. *Gwa-jang* (Abteilungsleiter) oder *Sa-jang* (Leiter einer Firma, gleichzeitig meist der Geschäftsführer). Im Folgenden sind zwei Tabellen, die die koreanische Nomenklatur und ihre englische Entsprechung wiedergeben. Es gibt keine einheitliche Festlegung der Übersetzungen, daher kann es zu Abweichungen von diesen Beispielen kommen.

Tab. 8.1: Übersicht Hierarchieebenen und Bezeichnungen in südkoreanischen Unternehmen. Zitiert nach: Frank, Rüdiger, *Die chaebôl: Herkunft, Struktur und Probleme der südkoreanischen Unternehmensgruppen*, S. 106, in: Köllner, Patrick und Frank, Rüdiger, *Politik und Wirtschaft in Südkorea*. Die Transkription wurde aufgrund der tabellarischen Darstellungsform von der Autorin auf die aktuell gültige aus dem Jahre 2000 umgeschrieben.

Managementebene	Position	Korean. Bezeichnung
Top Management	Chairman	*Hoejang*
(*Gyeogyeongja*)	President	*Sajang*
	Vice-President	*Busajang*
	Executive Director (Senior Managing Director)	*Jeonmu (-isa)*
	Managing Director	*Sangmu (-isa)*
	Director	*Isa*

Mittleres- und unteres Management (*Gwallija*)	Department Manager	*Bujang*
	Deputy Department Manager	*Chajang*
	Section Chief	
	Deputy Section Chief	Gwajang
		(Gwajang-) Daeri
	Chief Clerk	*Gyejang*
	Regular Staff Members	*Sawon*

Tab. 8.2: Coyner, Thomas L. und Jang, Song-Hyon, *Mastering Business in Korea: A Pratical Guide*, S. 41.

English Equivalent	Korean Titel	Literal Translation
Chairman, Board of Directors	*Hoe-jang*	Chairman of Board
President	*Sa-jang (Dae-pyo-I-sa)*	President (Representative Director)
Vice President	*Bu Sa-jang*	Vice President
Managing Director	*Jeon-mu-I-sa*	Principle Director
Director	*Sang-mu-I-sa*	Standing Director
Department Manager or Section General Manager	*Bu-jang*	Department Chief
Assistant Department Manager	*Cha-jang*	Vice Department Chief
Section Manager or Supervisor	*Gwa-jang (Bu-jang Dae-ri)*	Section Chief (Deputy Department Chief)
Assistant Section Manager	*Gye-jang*	Branch Chief
Senior Clerk	*Ju-im*	Principle Job
Clerk	*Gye-won (Pyung Sa-won)*	Branch member (Ordinary Company Member)

8.7   Blickkontakt

Direkter, ständiger Blickkontakt mit dem Gesprächspartner wird von Koreanern meist gemieden. Dies bedeutet jedoch nicht, dass Koreaner unaufmerksam, unehrlich oder nicht selbstbewusst sind. Langandauernder Blickkontakt von hierarchisch untergeordneten Personen gegenüber Ranghöheren gilt als herausfordernd und sollte von Ausländern vermieden werden.

8.8   Vorstellung

Bei der persönlichen Vorstellung sollte man in Korea bescheiden wirken. Daher ist es oft sinnvoll, sich durch einen Dritten, einen Vermittler, vorstellen zu lassen. Der Vermittler dient häufig als eine Art Leumund, da man seinem Netzwerk angehört. Darüber hinaus kann der Einführende sich über den Vorzustellenden positiv äußern und ihn mit gewissen Kompetenzen ausstatten, die ihn für die Gruppe oder die andere Person attraktiv machen. Dies kommt einer Empfehlung gleich. Diese Vorgehensweise bietet sich beispielsweise an, wenn ein junger Deutsche in eine wichtige Position nach Korea entsandt wird und dort etwas bewirken soll. Müssen mehrere Personen nacheinander vorgestellt werden, so beginnt man beim Ranghöchsten und verfährt dann der weiteren Rangfolge entsprechend weiter. Zu den Aufgaben des Vermittlers gehört es auch, Gemeinsamkeiten zwischen den Parteien hervorzugeben, um ein Gespräch zwischen den „Fremden" anzuregen und eine angenehme Gesprächsatmosphäre zu schaffen. Er fungiert als Initiator für die Gespräche. Voraussetzung ist natürlich, dass er beide Parteien gut kennt.

8.9   Smalltalk

Die Bedeutung einer gekonnten Gesprächsführung beiläufiger Konversation ist in Asien allgemein anerkannt. Initial dient dies einer ersten Einordnung des Gesprächspartners in das bestehende Hierarchiesystem. Hierzu werden Fragen gestellt, die in Deutschland eher als zu persönlich gelten und im Geschäftsleben keine Rolle spielen. So ist die Frage nach dem Familienstand für Koreaner legitim. Ein verheirateter Gesprächpartner, so wird in Korea geschlussfolgert, hat eine gewisse Lebensreife erreicht und trägt zudem gesellschaftliche Verantwortung. Allerdings kann die Konversation an dieser Stelle auch eine für Deutsche gewöhnungsbedürftige Wendung nehmen. Dann nämlich, wenn Koreaner bei einer verneinten Antwort nachhaken und den

Grund dafür erfragen, warum man noch nicht verheiratet ist. Eine allgemein plausible Antwort, dass man die Richtige bzw. den Richtigen noch nicht gefunden habe, dürfte den koreanischen Gesprächspartner zufrieden stellen. Möchte der koreanische Gesprächspartner das Thema weiter vertiefen, Sie jedoch nicht, dann lenken Sie das Gespräch durch eine Frage Ihrerseits in eine andere Richtung. Sollte man Ihnen ein Vermittlungsangebot machen, dann nehmen Sie es bitte mit Humor und sehen es als Kompliment an. Ein Koreaner würde niemanden vermitteln wollen, der ihm unsympathisch ist. Smalltalk dient nicht nur dazu, den gesellschaftlichen Status eines Menschen zu erfahren, sondern durch das Gespräch auch Rückschlüsse auf dessen Charakter ziehen zu können. Bereiten Sie sich auf Smalltalk vor und versuchen Sie, möglichst viel über die Person, aber auch über dessen Netzwerk zu erfahren. Wie bereits oben beschrieben definiert sich der Status eines Einzelnen über sein Beziehungsnetzwerk. Zudem werden während der Konversation Gemeinsamkeiten gesucht, auf denen man eine künftige Beziehung aufbauen kann. Ein weiterer Zweck von Smalltalk ist das Schaffen einer angenehmen Atmosphäre, in der man geschäftliche Dinge besser besprechen kann.

Geeignete Inhalte für eine Konversation sind das Wetter, Hobbies, die Familie und Heimat sowie Traditionen, historische sowie aktuelle positiv besetzte Ereignisse. Ungeeignet sind alle Themen, die eine Meinungsverschiedenheit oder negative Emotionen hervorrufen können und somit die Stimmung verschlechtern. In jedem Fall sind Themen, wie die Beziehung zu Japan, die Gleichberechtigung zwischen Mann und Frau, politische Themen und negative Nachrichtenmeldungen, die Korea betreffen, zu Beginn einer Beziehung zu vermeiden. Ausgenommen hiervon sind Gesprächsthemen zur Wiedervereinigung mit Nordkorea oder andere, die von Koreanern selbst angesprochen werden. Sie sind interessiert zu erfahren, wie die Deutschen ihre Wiedervereinigung erlebt und welche Auswirkungen sich hieraus für die Bevölkerung beider Seiten ergeben haben. Hier sollte man sich nicht zu kritisch über die deutsche Wiedervereinigung auslassen, denn Koreaner bewundern und beneiden die Deutschen für diese Leistung.

8.10 Trinkkultur

Die Bedeutung von Spirituosen in der koreanischen Kultur darf nicht unterschätzt werden. Korea gehört zu den Ländern auf der Welt mit dem höchsten Pro/Kopf-Alkoholkonsum. Alkohol wird bei verschiedenen Gelegenheiten konsumiert. Ist man in Korea geschäftlich unterwegs, lernt man unweigerlich die verschiedenen Arten koreanischer Spirituosen kennen. Der gemeinsame Verzehr erfüllt dabei den Zweck, eine positive Grundstimmung innerhalb der Gruppe zu erzeugen und den Zusammenhalt zu stärken. Die Anspannung des Alltags wird für einen Moment vergessen und die Arbeitswelt hinter sich gelassen. Da das eigentliche Ziel des Trinkens „das Erreichen einer bestimmten Stimmung" ist, wird Alkohol recht schnell konsumiert. Meist wird Bier oder *Soju* bei solchen Anlässen getrunken. *Soju* wird durch das Destillieren von fermentiertem Reis- oder Süßkartoffelbrei hergestellt. Der Alkoholgehalt beträgt etwa 25 Prozent. Gemeinsame Trinkabende dienen dazu, den Geschäftspartner besser kennen zu lernen und gemeinsame Erlebnisse zu schaffen. Solche gemeinsamen Abende können für Ausländer eine echte Herausforderung bedeuten, aber sie gehören zu einer geschäftlichen Tätigkeit in Korea einfach dazu. Wenn Sie keinen Alkohol vertragen, dann erwähnen Sie es direkt nach der Einladung. Das bewahrt Sie davor, als „Atmosphären-Killer" dazustehen. Es ist jedoch ratsam, diese Trinkveranstaltungen mitzumachen, denn das ist ein Mittel in Korea, Freundschaften zu schließen. Gesundheitliche Gründe, keinen Alkohol zu trinken, werden akzeptiert. Beispielsweise eine ärztlich verordnete, zeitlich befristete Abstinenz aufgrund einer Medikation. Oder auch eine unbefristete auf Anordnung des Hausarztes. Dann müssen Sie jedoch darauf achten, auch konsequent auf Alkohol zu verzichten. Andere Getränke werden in diesen Fällen akzeptiert. Versuchen Sie jedoch, an der Stimmung teilzuhaben und sich einzubringen. Achten Sie darauf, dass die Gläser ihrer Nachbarn nicht leer bleiben. In Korea schenkt man sich gegenseitig ein und nicht sich selbst. Man trinkt miteinander und nicht jeder für sich.

8.11   Trinkprotokoll

Das Trinkprotokoll folgt einem ritualisierten Ablauf. Eine Person bietet einem anderen durch Mimik, Gestik und direkte verbale Aufforderung ein Glas an. Dies kann auch das eigene Glas des Auffordernden sein. Wurde das Glas angenommen, schenkt der Auffordernde ein. Der Aufgeforderte trinkt das Glas aus und kann umgekehrt dem Auffordernden ein Glas anbieten. Dabei kann es sich auch um das gleiche Trinkgefäß handeln, so dass beide aus demselben Glas trinken. Dieses Ritual kann sich mehrmals wiederholen. Dabei werden immer mehr Mitglieder der Gruppe eingebunden. Keinesfalls sollten Sie mit dem Trinken beginnen, bevor der Ranghöchste am Tisch Sie nicht dazu aufgefordert hat. Eine Aufforderung zum Trinken sollte möglichst nicht abgelehnt werden. Dies gilt als sehr unhöflich.

In Korea werden zum Alkohol Beilagen serviert. Bei diesen *„Anju"* kann es sich um getrockneten Fisch, frisches Obst, Chips oder Ähnliches handeln. In vielen Lokalen müssen *„Anju"* extra bestellt und zusätzlich bezahlt werden. Gehen Sie davon aus, dass *„Anju"* die Preise der Getränke um ein Vielfaches übertreffen. Man prostet sich mit *„Geonbae"* zu, was übersetzt „leeres Glas" bedeutet. Beim Zuprosten werden die Gläser hochgehalten. Dabei sollte die rechte Hand das Glas halten. Rangniedere werden das Glas zweihändig halten oder auch den rechten Arm mit der linken Hand unterstützen, um dem Ranghöheren gegenüber Respekt zu erweisen. Sobald das Glas leer ist, wird es wieder aufgefüllt. Dieses Trinkritual zwischen den Hierarchieebenen findet sich in Korea bei allen möglichen Anlässen. Abendveranstaltungen beginnen meist in Restaurants. Hierbei wird bereits eine gewisse Menge Alkohol getrunken. Will man danach den Abend fortsetzen, steuert man eher eine Kneipe oder Bar an. Viele der Bars haben die in Asien weit verbreiteten Karaoke-Anlagen. Auch wenn Sie unmusikalisch sind und nicht singen können, brauchen Sie vor Karaoke keine Vorbehalte zu haben. Wenn Sie zum Singen aufgefordert werden und nicht alleine singen möchten, fordern Sie einfach einen anderen Teilnehmer bzw. Kollegen auf, Sie zu unterstützen. Geteiltes Leid ist halbes Leid, und man wird Sie kaum ein zweites Mal auffordern. Sie können sich dann zurücklehnen und den Gesängen der anderen lauschen.

8.12   Koreanisches Essen

Die koreanische Küche zeichnet sich durch einen würzigen und scharfen Geschmack aus. Hauptbestandteile sind Getreide, Bohnen, Gemüse und in geringerem Maße Fleisch, Fisch und Meerestiere. Typische Gewürze sind rote Peperoni, Schalotten, Sojasoße, fermentierte Sojabohnenpaste, Ingwer und Sesamöl. Traditionell wird das Essen nicht in mehreren Gängen serviert. Vielmehr wird gekochter Reis, der als Basis dient, mit allen Beilagen gleichzeitig auf den Tisch gebracht. Als Nachtisch werden meist frisches Obst oder kalte Getränke serviert, die die Verdauung anregen sollen. Was bei jeder Mahlzeit nicht fehlen darf ist *Gimchi* (*Kimchi*), meist scharf eingelegtes, fermentiertes Gemüse. Inzwischen ist diese gesunde Beilage auch in anderen Ländern äußerst beliebt und ein großer Exportschlager. Das koreanische Essen genießt den Ruf, äußerst gesund zu sein. In der Tat ist das koreanische Essen fettarm und wird aus frischen Zutaten zubereitet.

8.12.1   Einladungen zum Geschäftsessen

Wird man von seinem Geschäftspartner zum Essen eingeladen, übernimmt dieser auch die Rechnung. Getrenntes Begleichen der Rechnung ist in Korea unüblich. Sollte es mal vorkommen, dass man die Rechnung aufteilt, geben alle Anwesenden ihren Beitrag zur Rechnung, ohne auf die genaue Summe zu achten. Endet ein Besuch bei einem Geschäftspartner vor der Mittagspause oder der Abendessenszeit, erhält man häufig eine Einladung zum gemeinsamen Essen. Es ist eine gute Gelegenheit, informell Informationen auszutauschen und Geschäftspartner besser kennen zu lernen. Daher sollten solche Einladungen nicht abgelehnt werden. Möchten sie ein gemeinsames Essen vermeiden, ist es ratsam, die Termine entsprechend zu legen.

8.12.2   Private Einladungen nach Hause

Bei Einladungen nach Hause, sollten Sie darauf achten, dass es unüblich ist, im Hause eines anderen, frei herum zu wandern und sich das Interieur der Räume anzuschauen. Die Ehefrau ihres Gastgebers wird vielleicht nicht mit Ihnen gemeinsam essen, sondern sich ausschließlich in der Küche um das

Essen kümmern. Gegebenenfalls wird sie sich am Ende der Mahlzeit der Runde zugesellen. Eine persönliche Einladung nach Hause, ist eine besondere Ehre. Es ist unhöflich, mit leeren Händen zu erscheinen (siehe hierzu: 8.13 Geschenke). In privaten Wohnungen oder auch in Restaurants mit traditionellen Sitzgelegenheiten auf dem Boden müssen die Schuhe ausgezogen werden. Die Männer sitzen im Schneidersitz und Frauen platzieren ihre Beine an ihrer Seite. Wenn Sie eingeladen werden, dann sollten Sie sich bei Gelegenheit revanchieren.

8.12.3   Tischsitten

Bei Banketten wird eine feste Sitzordnung eingehalten. Der Ranghöchste sitzt in der Mitte eines rechteckigen Tisches. Der ranghöchste Gast sitzt ihm gegenüber. Die nachkommenden Ränge verteilen sich auf beiden Seiten entsprechend. Wenn Sie sich nicht sicher sind, wo sie sich hinsetzen sollen, bleiben Sie stehen. Es wird Ihnen ein Platz zugewiesen. Der eigentliche Beginn des Mahles wird durch den Ranghöchsten initiiert. Wenn Sie Gast sind, warten Sie, bis der ranghöchste Gastgeber Sie zum Essen auffordert. Essgeräusche sind erlaubt. Schmatzen gilt als Zeichen des Appetits. Suppe kann nicht ohne Pusten und Schlürfen gegessen werden, da man sich sonst aufgrund der hohen Temperatur die Lippen verbrennt. Rülpsen als Ausdruck für schmackhaftes Essen, ist ebenfalls erlaubt. Mit der internationalen Küche, die in Korea viel Anklang findet, werden traditionelle Essmanieren in Korea zunehmend in Frage gestellt. Wundern Sie sich nicht, wenn Koreaner Ihnen unaufgefordert Essen auf Ihren Teller oder in Ihre Schüssel tun. Man kümmert sich um Sie. Müssen Sie sich bei Tisch die Nase putzen, dann sollten Sie besser die Toilette aufsuchen. Reis und Suppe werden mit dem Löffel, die sonstigen Beilagen mit den Stäbchen gegessen. Anders als in anderen Ländern Asiens besteht das Essbesteck in Korea aus Metall. Das Hantieren der Metall-Essstäbchen erfordert etwas Übung, da sie sehr schmal und vergleichsweise schwer sind. Vermeiden Sie das gleichzeitige Halten von Löffeln und Stäbchen in einer Hand. Legen Sie diese ab, wenn sie nicht gebraucht werden. Reis- und Suppenschalen sollten, anders als in China oder Japan, nicht in die Hand genommen und zum Mund geführt werden. Die verschiedenen Beilagen sind für alle da. Herumstochern in den Beilagen gilt als sehr unhöflich.

8.13 Geschenke

„Kleine Geschenke erhalten die Freundschaft", nach diesem Motto dienen Geschenke häufig zur Pflege der vorhandenen Beziehung. So verschenken koreanische Lieferanten z.B. zum Erntedankfest in Korea Kisten mit Obst oder ganze Esskörbe an ihre Kunden oder Geschäftspartner. Mitarbeiter, die im Ausland waren, bringen kleine Geschenke für ihre Kollegen mit. Werden Geschenke beim ersten Treffen als Mitbringsel überreicht, können sie als Investition in die zukünftige Beziehung gesehen werden. Werden sie nach einer erfolgreichen Zusammenarbeit gegeben, dann ist es als ein Dankeschön zu bewerten. Welche Geschenke als geeignet gelten, lässt sich nicht pauschal sagen. Bei der Auswahl der Geschenke ist die berufliche Stellung des Empfängers und der Anlass zu berücksichtigen. Zu bestimmten Anlässen gibt es typische Geschenke. Bei Hochzeiten werden nach wie vor Geldgeschenke gemacht, um dem Brautpaar das neue, gemeinsame Leben finanziell zu erleichtern. Das Geld wird in Umschlägen am Ort der Trauung abgegeben. Welche Summe als angemessen gilt, hängt vom Verwandtschafts- bzw. Bekanntheitsgrad mit dem Brautpaar zusammen. Im Zweifelsfall ist es angebracht, koreanische Bekannte um Rat zu fragen. Wird man als Ausländer von einem Koreaner nach Hause eingeladen, dann ist es eine besondere Ehre und ein Mitbringsel ein absolutes Muss. Als geeignet gelten alle landestypischen Geschenkartikel aus Deutschland. Revanchiert man sich für ein früheres Geschenk, sollte man darauf achten, dass der Wert des eigenen Geschenks entsprechend angemessen ist. Häufig müssen es nicht teure Geschenke sein. Wichtig ist es, dem Beschenkten zu erläutern, warum ein bestimmtes Geschenk erwählt wurde. Es gilt zu verdeutlichen, dass man sich bei der Wahl Gedanken gemacht hat. Bei einer Geschäftseröffnung werden in Korea häufig Topfpflanzen oder Blumenkränze verschenkt. Mitbringsel bei Einweihungsfesten oder bei Bezug einer neuen Wohnung sind nützliche Haushaltsgegenstände oder auch Waschpulver, Seifen, durchaus auch Küchentücher oder Toilettenpapier.

Als ungeeignete Geschenke gelten Messer und Schere, da sie bildlich gesprochen die Freund- bzw. Partnerschaft zerschneiden könnten. In solchen Fällen behelfen sich Koreaner mit einem Trick. Sie überreichen dem Schenker einen symbolischen Geldbetrag, um so anzudeuten, dass das Messer oder die Schere gekauft und nicht geschenkt worden sind.

Traditionell werden Geschenke nicht sofort geöffnet, um möglicherweise eine peinliche Situation zu vermeiden, in der der Schenkende oder auch der Beschenkte sein Gesicht verlieren könnte. Eine Reaktion auf sein Geschenk erhält man zeitlich verzögert bei einer anderen, sich bietenden Gelegenheit, z.B. in Form eines Gegengeschenkes, einer Einladung oder eines gewährten Gefallens.

8.14 Kleiderordnung

Koreaner achten sehr auf ein gepflegtes Äußeres. Ist man in Korea geschäftlich unterwegs, ist eine eher konservative Garderobe zu empfehlen. Ein zu modisches Auftreten könnte den Anschein erwecken, dass man nicht seriös ist. Bei Frauen sollte das Dekoltee nicht zu tief und der Rock nicht zu kurz sein. Ansonsten gibt es kaum Einschränkungen. Im Sommer sollte man eine Jacke dabei haben, da es innerhalb von Gebäuden oder Fahrzeugen aufgrund der Klimatisierung extrem kalt sein kann. Zu empfehlen sind auch Schuhe, die sich leicht an- und ausziehen lassen, denn in Korea zieht man in Privathäusern und einigen Restaurants immer die Schuhe aus.

8.15 Lächeln

Koreaner neigen dazu, in peinlichen Situationen zu lächeln. Dies ist eine typische Reaktion auf eine unangenehme Lage, in der sie sich befinden. Beispiele für eine solche Situation; wenn ein älterer Herr, der der englischen Sprache nicht mächtig ist, gezwungen wird, Englisch zu sprechen. Oder wenn Koreaner öffentlich kritisiert werden, kann auch dies dazu führen, dass sie ein in den Augen anderer unangemessenes und verlegenes Lächeln aufsetzen, um die peinliche Situation zu überstehen. Mit der freundlichen

Mimik wird versucht, die Spannung aus der Situation zu nehmen und den Kritisierenden milder zu stimmen.

8.16   Schlafende Koreaner

Allerorten und zu unterschiedlichsten Zeiten sieht man in Korea Menschen, die ein Nickerchen halten; während Besprechungen oder Trainings, in Bussen oder der U-Bahn, in öffentlichen Bibliotheken oder auch im Büro. Um dieses Phänomen zu verstehen, muss man sich Lebensweise und Sozialisierung von Koreanern vor Augen halten. Sie haben einen extrem langen Tag. Schon während der Schulzeit bekommen sie zu wenig Schlaf, da sie viele Stunden in der Schule, in den Nachhilfeschulen und letztendlich Zuhause mit Lernen verbringen müssen. Auch im Berufsleben setzt sich dies fort. Koreaner haben teilweise sehr lange Anfahrtszeiten zur Arbeit, selbst wenn sie in *Seoul* wohnen und arbeiten. Sie verbringen viele Stunden im Büro und anschließend auch einige Abende in der Woche mit Kollegen oder Freunden beim geselligen Beisammensein während der „after business hour". Wenn man in *Seoul* abends um 22.00 Uhr die U-Bahn nutzt, hat man das Gefühl, während des Berufsverkehrs zugestiegen zu sein. Zudem fordert die Personenorientiertheit ein hohes Maß an Aufmerksamkeit. Auch wenn Koreaner den geforderten Umgang mit Menschen verschiedener Rangstufen und Gruppenzugehörigkeiten verinnerlicht haben, herrscht dennoch stets eine gewisse Anspannung. Denn ein falsches Verhalten könnte negative Konsequenzen nach sich ziehen.

Das Leben in Korea, nicht nur in der Metropole *Seoul*, ist allgemein sehr dynamisch und hektisch. Koreaner sind einer wahren Flut von unterschiedlichsten Informationen und Reizen ausgesetzt. Jeder, der ein paar Tage in *Seoul* verbracht hat, wird dies nachempfinden können. Ein Arbeitstag mit 12 bis 14 Stunden ist für Koreaner keine Seltenheit, rechnet man die gemeinsamen Essen mit Arbeitskollegen bzw. Geschäftskunden in den langen after work hours mit ein. Koreaner kämpfen gegen eine permanente Übermüdung an. Befinden sie sich nun in einer Situation, in der sie keinen aktiven Beitrag leisten müssen, bspw. in einem Meeting oder während eines Trainings, überkommt sie nicht selten mit Macht die Müdigkeit und sie fallen in

einen kurzen Tiefschlaf. So nutzen viele Fahrgäste der U-Bahnen zu Berufs-
verkehrszeiten die Fahrten, um fehlenden Schlaf nachzuholen. Häufig legen
auch Angestellte nach dem Mittagessen ein kurzes Schläfchen am Schreibtisch ein. Anders als in Deutschland ist dieses Phänomen nicht ungewöhnlich und Koreaner zeigen hierfür Verständnis, da sie die Situation aus eigener Erfahrung nachvollziehen können.

Das folgende Beispiel belegt, wie sehr dieses Verhalten auch gesellschaftlich
akzeptiert ist. In der Hauptnachrichtensendung des Fernsehkanals KBS, die
täglich um 21.00 Uhr ausgestrahlt wird und eine Stunde dauert, wird nicht
nur über die neusten Nachrichten berichtet, sondern es werden auch allgemeine Themen behandelt, die für die Gesellschaft von Bedeutung sind. Vor
einigen Jahren wurden in einer Sendung Empfehlungen zur richtigen
Schlafhaltung im Büro gegeben. Beim Schlafen mit vorgebeugtem Oberkör-
per am Schreibtisch, stabilisieren Bücher unter den Armen die Schlafhaltung,
damit der Rücken weniger gekrümmt und dadurch entlastet werde. Wenn
man mit dem Kopf nach hinten am Stuhl schläft, sei es wichtig, den Kopf so
abzustützen, dass er nicht zu sehr nach hinten überhängt. Nach dem Schläfchen, so die Empfehlung weiter, sollten ein paar gymnastische Übungen den
Körper wieder auflockern, damit man für die weiteren Herausforderungen
des Tages gerüstet sei.

Die koreanische Gesellschaft und ihre Unternehmen akzeptieren dieses Phänomen der Ruhepausen. Koreaner halten es für selbstverständlich, dass
Menschen, die so lange und ausdauernd in der Firma verweilen, neben der
Arbeit noch andere Dinge tun dürfen; Kurzschlaf, private Telefonate und
auch kleine Besorgungen neben der Arbeit sind also nicht ungewöhnlich.

8.17   Bestechung und Korruption

Koreaner stehen dem Thema Korruption ambivalent gegenüber. Wie die
jüngste Geschichte Südkoreas zeigt, werden führende Persönlichkeiten aus
Politik und Wirtschaft sowie Mitglieder aus dem nächsten Familienkreis
regelmäßig wegen Korruption zu langjährigen Haftstrafen verurteilt. Genauso regelmäßig sprechen politische Führer nach ihrem Amtsantritt Begnadigungen aus. Einerseits ist eine gezielte Verfolgung und Verurteilung

dieses Tatbestandes erkennbar. Andererseits wird die Schwere der Verurteilungen durch Begnadigung neutralisiert und zu einem Kavaliersdelikt reduziert. Wie ist dieser Widerspruch in sich zu erklären?

Kern der koreanischen Kultur ist die beziehungsorientierte Gruppe, ein Netzwerk aus verschiedenen Personen, die Beziehungen zu anderen Gruppen pflegt. Wie bereits dargestellt funktioniert diese Pflege über gegenseitige Gefälligkeiten und Geschenke. Was jedoch in verschiedenen Situationen noch als Geschenk oder bereits als Bestechung anzusehen ist, lässt sich schwer differenzieren. Es ist allgemein bekannt, dass vielerorts Bestechungsgelder fließen, so. z.b. in der Politik oder in bestimmten Bereichen der Wirtschaft. Die Jahrzehnte lange Verflechtung zwischen Politik und Wirtschaft hat dieses gewachsene System begünstigt. So verlangen manche Unternehmen bei der Auftragsvergabe einen Umschlag. Aber auch im Alltag finden sich Beispiele. Nicht selten werden Lehrer mit einem Umschlag oder einem Geschenk bedacht, damit Kinder bevorzugt behandelt werden. Offen auf dieses gesellschaftliche Phänomen angesprochen, antworten auch Koreaner unterschiedlich. Akzeptanz und Ablehnung findet man bei Vertretern aller sozialer Schichten.

Anders als in Deutschland wird jedoch bei Bestechungsskandalen einer Firma der Vorstandvorsitzender angeklagt, weil er als höchster Hierarchievertreter die Verantwortung für die gesamte Firma trägt. Es wird nicht angenommen, dass hohe Summen ohne sein Wissen illegal verwendet worden sind. Seien Sie jedoch im alltäglichen Gespräch vorsichtig mit Vorverurteilungen. Obwohl es in Korea ein allgemein bekanntes Problem ist, können Koreaner gekränkt darauf reagieren, wenn sie hierauf direkt angesprochen werden. Koreaner wissen nicht zuletzt durch den Fall Siemens, dass es auch in Deutschland Korruptionsfälle gibt. Als Ausländer sollten Sie sich in Korea auf keine Geschäfte einlassen, die Bestechungsgelder erfordern. Im Zweifelsfall holen Sie sich Rat bei koreanischen Kollegen ein.

Wichtige und hilfreiche Webseiten

http://www.auswaertiges-amt.de/diplo/de/Laenderinformationen/01-Laender/KoreaRepublik.html (Auswärtiges Amt)

http://www.seoul.diplo.de (Deutsche Botschaft in Seoul)

http://deu.mofat.go.kr/languages/eu/deu/main/index.jsp (Koreanische Botschaft in Deutschland)

http://www.goethe.de/ins/kr/seo/deindex.htm (Goethe Institut in Seoul)

http://www.visitkorea.or.kr (Der offizielle Reiseführer Koreas)

http://korea.net (Die offizielle Internetseite der Republik Südkorea)

http://world.kbs.co.kr/german/news (Nachrichtenseite des Fernsehsenders KBS)

http://www.lifeinkorea.com (Reisen, Kultur, Sprache, Einkaufen)

http://www.seoultour.com (Reiseführer für Seoul)

http://www.kgcci.com (Deutsch-Koreanische Industrie- und Handelskammer)

http://www.eucck.org (The European Chamber of Commerce in Korea)

http://www.amchamkorea.org (The American Chamber of Commerce in Korea)

http://kita.or.kr (Korea International Trade Organization)

http://www.nso.go.kr (Korea National Statistical Office)

http://www.kotra.or.kr (Korea Trade-Investment Promotion Agency)

http://www.Yellowpages.co.kr (Korean Yellow Pages for Foreigners)

http://www.imf.org/external/country/kor/index.htm (Inernationaler Währungsfonds)

Literatur

Aarau, Alice, Hur Ben und Hur, Sonia, Reisegast in Korea, 2. Auflage, Dormagen 1997.

Beez, Peter, Wirtschaftliche Entwicklung in Südkorea: Wachstum als Folge eines Reformprozesses, Mitteilungen des Instituts für Asienkunde, Nr. 316, Hamburg 2000.

Breen, Michael, The Koreans: Who they are, what they want, where their future lies, New York, 1998.

Brüch, Andreas und Thomas, Alexander, Beruflich in Südkorea, Kröning 1995.

Chei, Woon-Jung (übers. und hg.), Aspekte der koreanischen Kultur und Gesellschaft, Münster 2004.

Coyner, Thomas L. und Jang, Song-Hyun, Mastering Business in Korea: A Pratical Guide, Seoul, 2007.

Dr. Beckers-Kim, Young-ja (Übers.), Ilyeon, Samgunk Yusa: Ilyeon, Legenden & Wundergeschichten aus den Drei Königreichen Koreas, Schenefeld 2005.

Chei, Woon-Jung (übers. und hg.), Aspekte der koreanischen Kultur und Gesellschaft, Münster 2004.

Fukuyama, Francis, Konfuzius und Marktwirtschaft: Der Konflikt der Kulturen, München 1995. S. 159–182.

Gu, Xuewu, Konfuzius zur Einführung. Hamburg 1999.

Kern, Thomas und Köllner, Patrick (Hg.), Südkorea und Nordkorea: Einführung in Geschichte, Politik, Wirtschaft und Gesellschaft. Frankfurt/New York 2005.

Kim, Hiyou, Koreanische Geschichte – Einführung in die koreanische Geschichte von der Vorgeschichte bis zur Moderne, Cheju, 2005.

Kindermann, Gottfried-Karl, Der Aufstieg Koreas in der Weltpolitik, München 1994.

Köllner, Patrick und Frank, Rüdiger, Politik und Wirtschaft in Südkorea, Mitteilungen des Instituts für Asienkunde, Nummer 304, Hamburg 1999.

Köllner, Patrick (Hrsg.) Sozialwissenschafltiche Koreaforschung in Deutschland: Aktuelle Forschungsthemen , Personen und Publikationen, Mitteilungen des Instituts für Asienkunde, Nummer 354, Hamburg 2002.

Lee, Ki-baik, A new history of Korea, Übersetzt von Wagner, Edward W. und Shultz, Edward J., Seoul 1984.

Lee, Sung-Hee, Interkulturelles Asienmanagement Japan Korea: Ein Ratgeber aus der Praxis für die Praxis, Renningen 2004.

Lee-Peuker, Mi-Yong, Wirtschaftliches Handeln in Südkorea, Marburg 2004.

Marion Eggert, Jörg Plassen, Kleine Geschichte Koreas, München 2005.

Maull, Hans W. und Maull, Ivo M., Im Brennpunkt: Korea, Müchen 2004.

Neidhard, Christoph. Die Kinder des Konfuzius – Was Ostasien so erfolgreich macht, Freiburg 2008. S. 139–153.

Odrich, Peter und Odrich, Barbara, Korea und seine Unternehmen: Konkurrent und Partner für Europa und Ostasien, Frankfurter Allgemeine Zeitung, Verlagsbereich Wirtschaftsbücher, Frankfurt am Main 1994.

Rhie, Won-bok, Korea Unmasked, Seoul, 2002.

Willhelm, Richard (Übers. und Hg), Kungfutse: Gespräche – Lun Yü. München 1979.

Index

Indien im Fokus

Claudia Ossola-Haring (Hrsg.)
Winfried Ruh
Wachstumsmarkt Indien
Das Investitionshandbuch für Unternehmen
und deren Berater

2008 | 254 S. | gebunden
€ 39,80 | ISBN 978-3-486-58573-5

Indien rückt in den Fokus, und zwar nicht nur, weil
es als ein attraktiver Standort für Auslagerungen gilt.
Indien galt noch vor kurzem als zweitattraktivstes
Niedriglohnland nach China. Die Wahrnehmung dürfte
sich zwischenzeitlich sogar erheblich weiter zugunsten
Indiens und zulasten Chinas verschoben haben. Wer
aber Indien als reines Billiglohn-Land sieht, der sollte
sich eine Investition dort zweimal überlegen. Denn
die unternehmerischen Schnäppchen-Jäger sind
bereits weiter gewandert. Wer dagegen Indien nicht
nur als Produktionsstandort, sondern als Markt sieht,
sollte sich auch als mittelständischer Unternehmer
ein Engagement dort nicht mehr allzu lange überlegen.

**Das Buch richtet sich an expansionswillige und -freu-
dige Unternehmer, an juristische und steuerliche
Berater sowie an Hochschulabsolventen und
Studierende, die ihre eigene Zukunft auch mit Blick
auf ein Engagement für oder sogar in Indien sehen.**

Über die Herausgeberin:
Prof. Dr. Claudia Ossola-Haring ist seit 2002 Professorin
im Fachbereich II »Medien und Kommunikation« und
seit April 2008 Rektorin an der SRH Hochschule Calw.

Oldenbourg

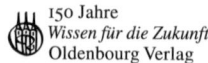
150 Jahre
Wissen für die Zukunft
Oldenbourg Verlag

Bestellen Sie in Ihrer Fachbuchhandlung oder
direkt bei uns: Tel: 089/45051-248, Fax: 089/45051-333
verkauf@oldenbourg.de